MY
JOB
나의 직업

어쩌면 당신의 시선

CONTENTS

Part One

History

Part Two

Who & What I

Part Three

Who & What Ⅱ

Part Four

Get a Job

공무원 헌장

우리는 자랑스러운 대한민국의 공무원이다.

우리는 헌법이 지향하는 가치를 실현하며
국가에 헌신하고 국민에게 봉사한다.

우리는 국민의 안녕과 행복을 추구하고
조국의 평화 통일과 지속 가능한 발전에 기여한다.

이에 굳은 각오와 다짐으로 다음을 실천한다.

하나, 공익을 우선시하며 투명하고 공정하게 맡은 바
　　　책임을 다한다.

하나, 창의성과 전문성을 바탕으로 업무를 적극적으로
　　　수행한다.

하나, 우리 사회의 다양성을 존중하고 국민과 함께 하는
　　　민주 행정을 구현한다.

하나, 청렴을 생활화하고 규범과 건전한 상식에 따라
　　　행동한다.

먼저 참된 공무원의 삶을 이해하는 사람이 되어야

경기 불황과 더불어 고용 안정을 꿈꾸는 구직자들이 많아지면서 공무원이라는 직업의 인기도 함께 상승하였다. 그러나 오래전에는 공무원이란 직업이 오늘날처럼 과열된 인기를 누리진 못했었다. 힘든 일에 비해 월급은 적었고, 마치 군대와 같은 계급 구조 속에서 자신의 능력을 발휘하기보다는 상관이 시키는 일에 하루 종일 매달려야 하는 어려움 탓이었다. 따라서 당시에는 창의적이고 능력 있는 젊은이들이라면 공무원이 되는 것을 선호하지는 않았다. 그러다보니 일부 공무원들은 수동적이고 강압적이며 비능률적인 업무 특성을 고집하게 되었고, 그들을 바라보는 세상 사람들의 시선도 그다지 곱지 못하였다.

하지만 국가와 사회의 발전에 있어서 공무원의 역할은 무척 중요하다. 따라서 공무원들이 얼마나 효율적이고, 잘 해내는가에 따라 나라의 운명이 결정될 수도 있다. 국제 사회를 살펴보면 부지런하고 유능한 공무원들로 인하여 나라가 발전한 경우도 있고 그와는 반대로 나태하고 무능한 공무원들 때문에 나라 전체가 후진국을 벗어나지 못하는 경우도 많다. 특히 현대 사회처럼 인류의 문화가 고도로 발달하고 정보 통신망이 첨단 과학화되어 있는 사회에서 공무원의 능력은 선진 복지 사회의 문을 여는 열쇠와도 같이 사회 발전의 결정적인 역할을 담당하기도 한다.

때문에 우리 정부는 젊고 능력 있는 인재들이 공무원이 되어 나라의 발전과 국민의 행복한 삶을 위해 열심히 일할 수 있는 방편을 마련하고자 하였다. 우선 공무원들의 월급을 상향 조정하고, 복지 수준을 향상 시키는 등 공무원들이 열심히 일할 수 있는 분위기를 만들어주는데 많은 노력을 해왔다.

물론 여전히 대기업 사원들의 처우에는 못 미친다고 하지만 그 어느 때보다
공무원의 근무 환경은 획기적으로 개선되고 있다고 할 수 있다. 무엇보다 평생
동안 소신껏 일할 수 있도록 법률로 신분을 보장해주고 있는 것은 대기업 사원들과
비견할 수 없음은 물론 그 어느 직업에서도 찾아볼 수 없는 공무원의 특권이다.
이러한 처우 개선 덕분에 공무원은 오늘날 우리 젊은이들이 가장 선망하는 직업의
반열에 오르게 되었다. 그러나 우리는 공무원이 좋은 직업이고 또 인기가 높은
직업이라는 것만 생각할 것이 아니고, 왜 국가에서 처우를 개선하고
우대해주는지에 대해 그 이유를 결코 잊지 말아야 할 것이다.

즉, 공무원이 되고자 한다면 무엇보다 공무원에 대한 생각을 새롭게 해야 한다.
시대에 뒤떨어진 낡은 생각이나, 무사안일주의와 같은 이기적인 생각에서 벗어나
보다 크고 넓은 시각을 지녀야 한다. '나' 보다는 '나라와 국민의 행복한 삶' 을 먼저
생각하는 사람이 될 때, 비로소 우리 모두가 바라고 또 국가가 필요로 하는
유능하고 바람직한 21세기의 공무원이 될 수 있을 것이다.

이 책은 그러한 삶을 살고 싶어 하는 사람들에게 밝은 등불이 되기를 바라는
마음에서 시작한다.

Part One

History

01

공무원이란?

왕의 신하 ➡ 법의 집행자 ➡ 시민에 대한 봉사자

공무원의 역사

쉽게 말해 공무원이란, 나라의 일을 맡아서 처리하는 사람이다. 아주 오랜 옛날부터 인류 사회에 이바지하는 중요한 역할을 해온 직업이다. 사회 문화의 발달과 더불어 국가의 제도가 정비되고 통치자의 권력이 커짐에 따라 공무원들의 활동 범위가 점차 확대되어 나갔는데 나중에는 그들의 세력이 왕이나 국가의 권력에 맞설 정도로 커지기도 하였다. 하지만 공무원은 원래 통치자의 신하로 족장이나 왕의 이익을 위하여 일하고 그들로부터 보수를 받아 생활하는

직업인이었다. 그래서 공무원들의 생활신조에 있어서 통치자에 대한 충성은 무엇보다도 중요하게 여겨졌던 것이다.

고대 국가 시절의 공무원이란 왕을 대신하여 백성들에게서 세금을 거두어들이고 노동력을 동원하는 등의 일을 했다. 당시에는 교통수단이나 통신수단은 물론이고 행정 제도마저 낙후되어 있어, 공무원들은 업무 중 생기는 다양한 문제점들을 현장에서 바로바로 해결해야 했다. 때문에 당시의 공무원들은 오늘날의 공무원들과는 달리 직접 군인들을

데리고 다니면서 대부분의 문제를 힘으로 해결했다. 뿐만 아니라 재판도 공무원들이 행하였다. 말하자면 옛날의 공무원이란, 오늘날의 군인이자 또 재판관인 셈이었다. 따라서 일반 사람들에게 공무원은 권력을 거느리는 무서운 사람이었고 되도록 공무원들을 만나려 하지 않았다.

이후 그 신분이 왕이라고 할지라도 정해진 법에 따라야한다는 법치국가 제도가 확립되면서 법이 왕보다 더 높은 자리를 차지하게 되자, 공무원 역시 법을 마음대로 어길 수 없게 되었다. 공무원들은 법에 따라 일을 처리하게 되었고 법은 세상에서 가장 중요한 존재가 되었다. 왕의 명령은 더 이상 절대적인 힘을 발휘할 수 없었고 공무원들은 왕의 신하라는 신분에서 벗어나 법의 집행자로 그 명분을 바꾸어 나갔다. 더 이상 통치자 한 개인의 하인이 아니었기 때문에 공무원들은 충성보다는 법을 지키는 것을 더 중요하게 여기게 되었다.

이러한 변화는 독재를 방지하고 나라 전체의 지속적인 안정을 가져올 수 있다는 점에서는 바람직한 변화임에 틀림없다. 하지만 상대적으로 공무원 집단의 힘이 강화되면서 종종 그들 자신의 이익을 위해 옳지 못한 행동을 하거나, 합법을 가장한 무리들에 의해 잘못 이용되는 등 국가 사회 발전에 걸림돌이 되는 문제점들이 생겨나기 시작했다. 이와 같은 부정적인 현상은 근대 세계정치사회사에서 쉽게 찾아볼 수 있다.

그래서 공무원들의 신분과 권리를 보장해 주는 대신에 그들의 나쁜 행동을 막기 위해 일반 국민들과는 구별하여 행동상의 특별한 제약과 의무를 부여하는데 이러한 조치는 나라 전체의 안정과 발전을 위해 반드시 필요하다고 할 수 있다. 오늘날 세계의 거의 모든 국가가 공무원법이라는 것을 만들어 그들의 행동을 제한하고 있는 것은 바로 이와 같은 이유에서이다.

공무원에 대한 이러한 생각과 그들의 사회적 역할의 변화는 20세기 시민사회의 등장과 함께 다시 새로운 단계로 접어들었다.

인권과 개인의 삶의 질을 중요시하는 시민사회에서는 통치
권력을 지방에 나누어주는 분권이나, 지방의 특성과 지역
주민들의 생각을 최대한 존중해주는 지방자치가 사회의 새로운
과제로 떠올랐으며 행정은 시민의 행복한 생활을 위한
서비스라는 생각이 사람들의 공감을 얻게 되었다. 그 결과
공무원의 역할에 대한 생각도 법의 집행자 보다는 시민에 대한
봉사자로 바뀐 것이다. 즉 시민의 입장에서 시민의 행복한 삶을
꾸려나가는데 필요한 다양한 서비스를 친절하게 잘 제공하는
것이 바로 오늘날 공무원이 해야 할 일인 것이다.

시민사회의 공무원은 더 이상 왕의 권력을 등에 업은 무서운
대행자도 아니며 엄숙한 법의 집행자도 아니다. 그들은 친절한
봉사자이며 평화로운 조정자이고 시민의 마음을 읽고 시민이
원하는 바를 이루어주는 사회의 공복이라 하겠다.

오늘날의 공무원

오늘날 우리는 모든 사람들이 행복하게 잘 사는 사회를 만들기 위하여 서로 힘을 모아 열심히 일하고 있다. 특히 민주주의가 발달하고 지방자치가 자리를 잡아가면서 시민들의 참여 의식이 그 어느 때보다 높아져 사회 여러 분야에서 활발한 활동을 벌이고 있다.

정부 역시 시민들의 이러한 의지를 수용해 행정을 비롯한 국가 공공 업무에 시민들의 참여 기회를 되도록 많이 만들어 주고 있다. 이에 일반 시민이 공무원들과 함께 일하는 경우는 물론, 공무원들이 시민들의 활동에 협력하여 같이 일하는 경우도 갈수록 많아지고 있다.

또한 일을 효율적으로 처리하기 위하여 공무원들이 하던 일을 일반 시민단체나 회사 등에 맡기는 수도 있고, 일반 시민들 중에서 전문가를 초청하여 일을 부탁하기도 한다. 이처럼 민주주의가 발달한 요즘에는 예전과 달리 공무원들의 고유 활동 영역이 점차 사라지고 있는 추세이다. 따라서 일하는 내용만을 두고 공무원이냐, 아니냐 혹은 공무원은 어떠한 직업이냐를 이야기해야 한다면 공무원을 이해하는데 많은 혼란이 일어날 수 있을 것이다. 사실 오늘날의 공무원은 그 규정이 다양해 '이것이 공무원이다' 한마디로 정의하기가 쉽지 않다. 헌법이나 국가배상법에서 말하는 공무원에는 공무원법 상의 공무원뿐만 아니라 정부나 국가 기관으로부터 부탁을 받아 공무에 종사하는 일반인도 포함된다. 그러나 공무원 연금법에서 말하는 공무원에는 군인과 선거에 의해 취임하는 정무직 공무원이 제외된다.

이처럼 공무원에 대한 정의가 쉽지 않지만, 오늘날 넓은 의미에 있어서 공무원이라 말할 때는 그 신분의 소속을 따져 국가기관이나 지방자치단체 및 그 산하 기관이나 단체에 소속되어 일을 하는 사람들을 공무원이라 말할 수 있다.

하지만 우리가 일상적으로 공무원이라고 말할 때에는 이러한

공무원하면 생각나는 뜻

1. 국가 기관이나 지방자치 단체에 소속되어 일하는 사람
- 선거직 공무원(대통령, 국회의원, 시장, 교육감)
- 명예직 공무원(교육위원, 선거관리위원)

2. 공무원 : 특수경력직 공무원(정무직, 별정직 공무원)

3. 사회 통념상의 일반 공무원

사람들 중에서 대통령이나, 국회의원, 시도교육감, 도지사, 시장, 군수 및 기타 지방의회 의원 등과 같이 선거를 통하여 선출되는 사람들과 선거관리위원회 위원이나 교육위원회 위원과 같은 명예직 공무원을 제외한 나머지 사람들을 공무원이라고 말한다. 즉 우리가 공무원이 되고 싶다든지, 공무원이 친절해야한다든지, 공무원의 권리나 의무와 같은 말을 할 때 사용하는 공무원에는 선거직 공무원이나 명예직 공무원이 포함되지 않는다는 말이다.

그런데 선거직 공무원과 명예직 공무원을 제외한 공무원 중에는 또 평생 동안 공무원을 할 수 있는 사람과 잠시 일정한 기간 동안만 공무원을 할 수 있는 사람으로 나눠지는데, 평생 동안 공무원을 직업으로 가지고 일하는 사람을 '경력직 공무원'이라고 하고 그렇지 못하고 특수한 목적에 의해 잠시 동안만 공무원(정무직 공무원, 별정직 공무원)을 하는 사람을 '특수경력직 공무원'이라고 한다.

우리가 공무원이 되려고 할 때 생각하는 공무원은 바로 이 경력직 공무원을 말하며 이것이 바로 우리 사회에서 일반적으로 이야기하는 공무원이다.

경력직 공무원과 특수경력직 공무원은 자격이나 임용 방법에 있어서 차이가 있다.

02

신분보장의 필요성

공무원은 국가의 공권력을 행사하는 직업인들로서 군대와 같은 상명하복식의 명령 체계를 가지고 있기 때문에 경우에 따라서는 엄청난 권력을 휘두를 수 있는 직업이기도 하다. 공무원 조직이 몇몇 높은 사람이나 특정 정치집단에 의해 잘못 이용될 경우 그들이 저지르는 권력의 횡포에 의해 국민이 입는 피해는 이루 말로 할 수 없이 커질 것이다. 따라서 권력에 의한 폭력이 발생하지 않도록 미연에 방지해야 한다.

민주주의의 발달과 더불어 공무원의 권력 강화에 대한 자각과 경계심이 생겨나기 시작했고, 이에 공무원 조직과 정치집단 사이의 특별한 유착 관계를 막기 위한 제도적인 장치들이 고안되었다. 즉, 공무원들이 정치적으로 중립을 지키게 함으로써 국가의 힘이 개인이나 특정 집단의 이익을 위해 악용되지 않도록 한 것이다. 이와 같은 공무원의 정치적 중립성에 대한 요구는 근대 직업 공무원 제도가 뿌리를 내리는데 큰 도움이 되었으며, 오늘날에는 정치권력으로부터 공무원을 보호하는 수단으로도 자리 잡게

되었다. 특히 지방자치제도가 활성화되면서 자치단체장의 정치적
성향에 따라 공무원들이 좌지우지되는 경향을 사전에 예방할 수
있는 좋은 제도라 할 수 있다.

공무원의 신분 보장은 이처럼 정치권력으로부터, 또 상급자의
횡포로부터 공무원을 보호함으로써 오로지 국민을 위해
능률적이고 일관성 있는 전문 행정을 가능하도록 하는 데 목적이
있다.

더불어 공무원의 신분이 보장될 경우 무엇보다 공무원들의
국민을 위한 헌신적인 노력을 기대할 수 있다. 무엇이 국민의
이익을 위한 것인지 스스로 창의적으로 생각해 소신껏 일을 할 수
있기 때문이다. 이는 사회에 대한 공무원들의 이상과 꿈을
실현하는 수단으로서도 큰 의의를 지니지만, 자신의 행위에
책임을 질 수 있는 책임 행정을 가능케 한다. 즉, 공무원들의 자기
의지 실현이라는 측면에서 의식 있는 공무원들의 사기를 높여 줄
뿐만 아니라, 사회 발전에도 큰 힘을 실어줄 수 있다.

또 공무원 개인의 여러 가지 상황에 따라 발생하는 문제들을
해결할 수 있는 여유(휴직)를 제공함으로써 보다 건강하고,
능동적인 행정 활동을 기대할 수 있고, 나아가 직업에 대한
긍지와 보람을 느끼게 해준다.

신분 보장제

법에 정해진 이유가 아니고
는 함부로 해고당하지 않는
제도

신분보장의 문제점

공무원의 신분보장이 언제나 긍정적인 것만은 아니다. 흔히 공무원에 대한 비판을 하면서 "철밥통"이라는 조롱의 표현을 사용할 때가 있다. 다른 직업인들과는 다르게 법률에 정해진 잘못만 저지르지 않는다면 아무리 무능하더라도, 평생 동안 큰 제약 없이 공무원을 할 수 있으며 어느 누구도 이를 방해하지 못함을 비난하는 표현이다. 요즘처럼 치열한 경쟁 사회에서 대충대충 일을 처리해도 경쟁의 반열에 오르지 않고, 월급을 받을 수 있다는 것은 공무원 개인에게는 아주 큰 행운이겠지만, 국가의 발전이나 국민의 행복한 생활을 이룩해나가는 측면에서는 손해가 아닐 수 없다.

따라서 공무원의 무조건적인 신분 보장은 분명 문제점이 있으며, 현대 사회의 흐름에도 맞지 않는다. 이에 따라 우리나라 공무원법에는 공무원의 신분 보장을 제한하는 규정을 두고 있다. 그러나 명백한 법률 위반을 제외하고 이 규정의 적용을 판단하는 사람이 또 다른 공무원이라는 점은 분명 문제의 소지가 다분하다. 가령 상급자의 마음에 들지 않을 경우 명백한 이유 없이 구조 조정의 대상이 될 수 있고, 반대로 분명한 잘못이라고 할지라도 상급자나 조사자의 자의적인 판단에 따라 쫓겨나지 않을 수도 있기 때문이다. 이러한 문제점들을 해결하기 위해 오늘날에는 일반 시민이 공무원을 감시하는 제도를 도입하자는 목소리가 시민단체들을 중심으로 나오고 있다. 하지만 아직까지는 초보적인 제안 수준에 머물고 있는 실정이다.

공무원의 신분 보장에 대해서는 우리나라 헌법 제7조에 다음과 같이 규정되어 있다.

1. 공무원은 국민전체에 대한 봉사자이며, 국민에 대하여 책임을 진다.
2. 공무원의 신분과 정치적 중립성은 법률이 정하는 바에 의하여 보장된다.

먼저 공무원은 국민 전체의 행복한 삶을 위하여 노력해야 한다. 특정 개인 혹은 특정 집단의 이익을 위해 일해서는 안됨을 규정하여 공무원의 행동 기준을 명확히 밝히고 있다.

두 번째, 공무원의 신분과 정치적 중립성을 법으로 보장함으로써 권력자나 권력집단의 횡포로부터 공무원을 보호하고 자신의 능력과 소신에 따라 국민 전체의 이익을 위하여 일할 수 있는 환경을 만들어 주고 있다. 이는 공무원 개인의 안정을 보장함으로써 국가와 국민 전체의 이익을 보호하려는 취지다.

공무원 신분 보장에 관한 헌법의 이러한 정신은 공무원법에 의하여 보다 구체적으로 규정된다. 국가공무원법 제68조와 지방공무원법 제60조의 규정은 공무원의 신분 보장에 대하여 다음과 같이 규정하고 있다.

공무원은 형의 선고·징계처분 또는 이 법에 정하는 사유에 의하지 아니하고는 그 의사에 반하여 휴직·강임 또는 면직을 당하지 아니한다. 다만, 1급 공무원은 그러하지 아니하다.

즉, 공무원은 범죄를 저지르거나 법률이 정해 놓은 특별한 이유가 아니면 쫓겨나거나 부당한 대우를 받지 않는다는 의미다. 자신보다 계급이 높은 사람이 올바르지 못한 일을 시킬 경우 이를 따르지 않더라도 상급자가 하급자를 함부로 해고하거나 처벌하지 못하도록 한 것이다. 이러한 규정은 국가권력을 이용하여 개인의 욕심을 채우려는 부도덕한 일을 사전에 방지하고자 하는데 그 목적이 있다.

이처럼 공무원은 자신이 자의적으로 일을 그만두고 싶다고 생각하는 경우를 제외하면 거의 평생 동안 지속적으로 일을 할 수 있다.

특별한 이유

1. 행정 조직이 바뀌어 일하던 곳이 없어지든지 또는 예산이 부족하여 일하는 부서를 줄이거나 인원을 줄여야 할 경우

2. 일하는 데 필요한 자격증의 효력이 없어지거나 면허가 취소되어 일을 계속할 수 없을 경우

3. 휴직이 끝난 뒤에도 일을 하지 않을 경우

신분보장에 관한 제한

　신분 보장 제도를 악용할 경우 공무원들은 자신의 권력을 마음대로 휘두르고 행동할 수 있다. 국민을 위해 열심히 일하지 않고 월급만을 수령해가는 타락한 공무원을 경계하기 위해 우리나라에서는 일하는 능력이 부족하거나 근무하는 태도가 불량할 경우 한해 사직을 권고 할 수 있도록 정해 놓았다.

　우리나라 공무원법을 살펴보면 일하는 능력이 부족하거나 근무를 태만히 하는 공무원에게는 우선 반성의 기회를 주지만 만약 그 뒤에도 일을 잘하지 못하거나 태만할 경우 더 이상 공무원이라는 직업을 유지하지 못하도록 규정을 두고 있다.

03

공무원의 의무

공무원 : 국민에 대한 봉사자 ➕ 국가 권력의 집행자

옛날의 공무원은 왕이나 국가를 위하여 일하는 사람들이었지만, 오늘날의 공무원은 헌법에 적어 놓은 것처럼 국민을 위하여 일하는 봉사자다. 따라서 공무원은 국가의 권력을 힘입어 국민 위에 군림하는 통치자나 지배자가 아니며, 국민의 행복한 삶을 실현하기 위해 노력하는 국민을 위한 봉사자의 의무를 갖는다.

그러나 근본적으로 공무원은 국가의 공권력을 집행하고, 행사하는 전문 직업인이다. 공권력이라는 것은 국민 전체의 행복을 위해 행사되어야 하지만 경우에 따라서는 어쩔 수 없이 개인의 이익을 침해할 수도 있다. 그러나 이러한 침해는 어디까지나 예외적인 것으로 피치 못할 경우로 한정해야 한다. 결코 일상적으로 국민의 행복을 침해하는 공권력이란 있을 수 없다. 만약 공권력이 국민의 행복을 수시로 방해한다면 민주주의 발전의 커다란 장애가 되어 국민 전체의 불행을 야기할 수도 있다.

이에 따라 공무원은 국민에 대한 봉사자로서, 또 국가 권력의 집행자로서 항상 자신의 판단과 행동에 책임을 진다는 각오로 일을 해야 한다.

나아가 국가 권력의 행사 역시 국민 전체의 행복을 위해서
이루어져야 한다는 생각을 늘 염두 해야 한다.

  따라서 공무원은 일반 기업체 직원과 달리 다음과 같은 의무를
가진다.

- 성실의 의무 : 모든 공무원은 법령을 준수하며 성실히
  직무를 수행하여야 한다.
- 복종의 의무 : 공무원은 직무를 수행함에 있어서 소속
  상관의 직무상의 명령에 복종하여야 한다.
- 직장이탈금지 : 공무원은 소속 상관의 허가 또는 정당한
  이유 없이 직장을 이탈하지 못한다.
- 친절공정의 의무 : 공무원은 국민 전체의 봉사자로서
  친절하고 공정히 일을 해야 한다.
- 종교 중립의 의무 : 공무원은 종교에 따른 차별 없이 직무를
  수행해야 한다.
- 비밀엄수의 의무 : 공무원은 재직 중은 물론 퇴직 후에도
  직무상 알게 된 비밀을 엄수하여야 한다.
- 청렴의 의무
  1. 공무원은 직무와 관련하여 직접 또는 간접을 불문하고
     사례·증여 또는 향응을 수수할 수 없다.
  2. 공무원은 직무상의 관계 여하를 불문하고 그 소속 상관에
     증여하거나 소속공무원으로부터 증여를 받아서는 안 된다.
- 품위유지의 의무 : 공무원은 직무의 내외를 불문하고 그
  품위를 손상하는 행위를 하여서는 안 된다.
- 외국정부의 영예 등을 받을 경우 : 공무원이 외국정부로부터
  영예 또는 증여를 받을 경우에는 대통령의 허가를 얻어야 한다.

  공무원은 위와 같은 의무를 가지는 것 이외에도 다음과 같은
일을 할 수 없다.

■ 영리업무 및 겸직금지

공무원은 공무 이외의 영리를 목적으로 하는 업무에 종사하지 못하며 소속기관의 장의 허가 없이 다른 직무를 겸할 수 없다.

■ 정치운동의 금지

1. 공무원은 정당 기타 정치단체의 결성에 관여하거나 이에 가입할 수 없다.

2. 공무원은 선거에 있어서 특정정당 또는 특정인의 지지나 반대를 하기 위하여 다음의 행위를 하여서는 안 된다.

   - 투표를 하거나 하지 아니하도록 권유운동을 하는 것
   - 서명운동을 기도·주재하거나 권유하는 것
   - 문서 또는 도서를 공공시설 등에 게시하거나 게시하게 하는 것
   - 기부금을 모집 또는 모집하게 하거나 공공자금을 이용 또는 이용하게 하는 것
   - 타인으로 하여금 정당 기타 정치단체에 가입하게 하거나 또는 가입하지 아니 하도록 권유운동을 하는 것

3. 공무원은 다른 공무원에게 제1항과 제2항에 위배되는 행위를 하도록 요구하거나 또는 정치적 행위의 보상 또는 보복으로서 이익 또는 불이익을 약속하여서는 안 된다.

■ 집단행위의 금지

1. 공무원은 노동운동 기타 공무 이외의 일을 위한 집단적 행위를 하여서는 안 된다. 다만, 사실상 노무에 종사하는 공무원은 예외로 한다.

2. 제1항 단서에 규정된 공무원으로서 노동조합에 가입된 자가 조합업무에 전임하고자 하는 경우에는 소속장관의 허가를 얻어야 한다.

Part Two

Who & What I

> - 소속에 따른 구분 : 국가공무원 or 지방공무원
> - 특성에 따른 구분 : 경력직 공무원 or 특수경력직 공무원

국가공무원과 지방공무원

〈국가공무원〉

각종 국가 기관에 소속되어 근무하는 공무원으로 소속 기관의
성질에 따라 다음과 같이 구분하며 채용 기관도 각각 다르다.

- 행정부 공무원

외교부, 행정안전부 등과 같은 중앙정부부처에 소속되어
일을 하는 공무원으로 안전행정부에서 채용하여 각 부서에
배치하지만 필요에 따라 각 부처에서 직접 채용하기도 한다.
공무원 중에서 숫자가 가장 많다.

■ 입법부 공무원

국회에 소속되어 일을 하는 공무원으로 주로 국회사무처,
국회도서관, 국회예산정책처 및 국회입법조사처 등에
근무하며 국회사무처에서 채용하여 배치한다.

■ 사법부 공무원

법원에 소속되어 일하는 공무원으로 법원행정처, 사법연수원,
법원공무원교육원, 법원도서관, 고등법원 사무국, 특허법원
사무국, 지방법원 사무국, 가정법원 사무국, 행정법원 사무국,
등기소 등에 근무하며 법원행정처에서 채용하여 배치한다.

■ 헌법재판소 공무원

헌법재판소에 소속되어 헌법재판소 사무처에 근무하는
공무원으로 헌법재판소 사무처에서 채용한다.

■ 선거관리위원회 공무원

선거관리위원회에 소속되어 일하는 공무원으로
중앙선거관리위원회 사무처 및 지방 각급 선거관리위원회
사무국에 배치되어 선거 관련 업무를 보며
중앙선거관리위원회 사무처에서 채용하여 배치한다.

〈지방공무원〉

　행정부 공무원 중에서 지방자치단체에 소속되어 시청, 도청,
군청, 구청, 읍면동사무소 및 지방자치단체에서 설립한 문화
복지시설이나 시설관리기관에 근무하는 공무원으로 각
지방자치단체 별로 채용한다. 단, 지방교육행정공무원은 시·도
교육청에서 채용한다.

　　■ 지방공무원의 종류
　　 - 특별시청, 광역시청, 도청, 시청, 군청, 구청 및 그
　　　 산하기관에 근무하는 공무원
　　 - 공립대학 및 전문대학에 근무하는 교육공무원
　　 - 지방 교육청에 근무하는 교육행정공무원
　　 - 지방 소방서에 근무하는 소방공무원(2020년 4월부터
　　　 모두 국가직으로 전환)
　　 - 자치경찰제가 실시되는 지역의 자치경찰공무원

　지방자치단체는 다음의 두 가지 종류로 구분한다.
　1. 광역자치단체 : 특별시, 광역시, 도, 특별자치도
　2. 기초자치단체 : 시, 군, 구

　국가공무원과 지방공무원은 신분 및 월급 등 대우에 있어
차이는 없다.

〈공무원의 종류와 특성〉

공무원

경력직 공무원 (정규직)

일반직 공무원
기술, 연구 또는 일반 행정에 관한 업무를 담당
예) 행정, 기술, 연구, 지도, 공안직 공무원

특정직 공무원
특수한 업무를 담당하며 특별법이 적용되는 공무원
예) 법관, 검사, 교사, 군인, 경찰관, 소방관, 국가정보원,…

특수 경력직 공무원 (비정규직)

정무직 공무원
선거나 국회의 동의를 거쳐 임용되는 공무원
예) 대통령, 국무총리, 장·차관, 시도지사, 시장, 군수,…

별정직 공무원
특정업무를 담당하기 위해 별도의 자격기준에 의해 임용되는 공무원
예) 비서관, 비상계획담당,…

경력직 공무원 : 정규직 공무원

　경력직 공무원이란 우리 사회에서 일반적으로 공무원이라 할
때 해당하는 정규직 공무원을 뜻한다. 이들은 공개 채용시험을
거쳐 임용된다. 시험은 누구나 응시할 수 있지만 담당하는 일의
종류에 따라 나이 제한이 각각 있으며 경우에 따라서는 특정한
자격을 요구하기도 한다.

　이들은 공무원으로서 신분이 보장되며 특별한 일이 없는 한
정년이 될 때까지 공무원을 할 수 있다. 따라서 우리가
직업으로서 공무원을 이야기할 때에는 바로 이 경력직 공무원의
처우와 업무에 대한 이야기임을 밝혀둔다.

　경력직 공무원은 담당하는 업무의 성격에 따라 크게 일반직
공무원, 특정직 공무원으로 나눠진다.

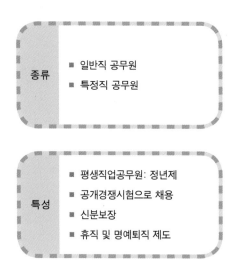

종류
- 일반직 공무원
- 특정직 공무원

특성
- 평생직업공무원: 정년제
- 공개경쟁시험으로 채용
- 신분보장
- 휴직 및 명예퇴직 제도

〈일반직 공무원〉

일반직 공무원은 우리가 일반적으로 국가기관이나 시청, 도청, 구청 및 동사무소 등에서 쉽게 만나볼 수 있는 공무원으로 주로 행정, 기술, 연구 및 지도 분야의 일을 맡아본다. 이들은 공무원을 평생 동안 직업으로 삼아 일하며 공개 채용 시험을 거쳐 임용되고 특별한 잘못을 하지 않을 경우에 함부로 해고당하는 일이 거의 없다. 이러한 일반직 공무원은 우리나라 행정의 근간을 이루고 있으며 공무원을 대표한다.

일반직 공무원은 일반 행정 계통, 기술 계통, 연구 계통 및 지도 계통 공무원으로 나누어지며 각 분야에서 자기가 담당하는 고유한 업무를 처리한다. 그런데 다 같은 일반직 공무원이지만 행정·기술공무원과 연구·지도공무원은 등급 체계와 채용 시험 방식에서 서로 다르다.

■ 등급 체계
 - 행정·기술공무원(8단계) : 고위공무원, 3급~9급
  * 지방 행정·기술공무원은 9단계임(1급 : 최상위급 ~ 9급 : 최하위급)
 - 연구·지도공무원(2단계) : 연구관(지도관), 연구사(지도사)
  * 행정·기술공무원 5급 이상의 급수에 해당하는 연구·지도공무원은 모두 연구관(지도관)이라 하고, 6급 이하의 급수에 해당하면 모두 연구사(지도사)라고 칭함.

일반직 공무원은 그들이 일하는 분야에 따라 여러 종류로 나눠진다.

이들은 세부적으로 나누어진 업무 분야에 따라 채용되는 데 특별한 경우가 아니면 한 번 선택한 분야를 바꿀 수는 없다. 예를 들면 검찰사무직 공무원으로 채용된 사람이 세무직으로 바꾸어 일할 수 없다. 그러나 특별한 경우에 한해 일하는 분야를 바꿀 수 있는데, 이 경우에는 시험을 치러야 한다. 단, 법령이 정하는 경우에 한해 이 시험의 일부 또는 전부를 면제해 주기도 한다.

일반직 공무원

■ **대표적인 공무원**

■ **행정일반, 기술, 연구, 지도에 대한 업무 담당**

- **행정계통(24 종)**
  - 교정직 공무원
  - 보호직 공무원
  - 검찰사무직 공무원
  - 마약수사직 공무원
  - 출입국관리직 공무원
  - 철도공안직 공무원
  - 행정직 공무원(일반행정, 법무행정, 재경, 국제통상, 운수, 노동, 문화홍보, 교육행정, 회계)
  - 직업상담직 공무원
  - 세무직 공무원
  - 관세직 공무원
  - 사회복지직 공무원
  - 통계직 공무원
  - 사서직 공무원
  - 감사직 공무원
  - 방호직 공무원(방호, 경비)

- **기술계통(83 종)**
  - 공업직 공무원(일반기계, 농업기계, 운전, 항공우주, 전기, 전자, 원자력, 조선, 금속, 야금, 섬유, 화공, 자원, 물리)
  - 농업직 공무원(일반농업, 잠업, 농화학, 식물검역, 축산, 생명유전)
  - 임업직 공무원(산림조경, 산림자원, 산림보호, 산림이용, 산림환경)
  - 수의직 공무원
  - 해양수산직 공무원(일반해양, 일반수산, 수산제조, 수산증식, 어로, 수산물검사, 일반선박, 선박항해, 선박기관, 선박관제, 수로, 해양교통시설)
  - 기상직 공무원(기상, 지진)
  - 보건직 공무원
  - 의료기술직 공무원
  - 식품위생직 공무원
  - 의무직 공무원(일반의무, 치무)
  - 약무직 공무원(약무, 약제)
  - 간호직 공무원
  - 간호조무직 공무원
  - 환경직 공무원(일반환경, 수질, 대기, 폐기물)
  - 항공직 공무원(일반항공, 조종, 정비, 관제)
  - 시설직 공무원(도시계획, 일반토목, 농업토목, 건축, 지적, 측지, 교통시설, 도시교통설계, 시설조경, 디자인)
  - 방재안전직 공무원
  - 전산직 공무원(전산개발, 전산기기, 정보관리)
  - 방송통신직 공무원(통신사, 통신기술, 전송기술, 전자통신기술, 방송기술)
  - 방송무대직 공무원(방송무대기술, 방송제작)
  - 운전직 공무원

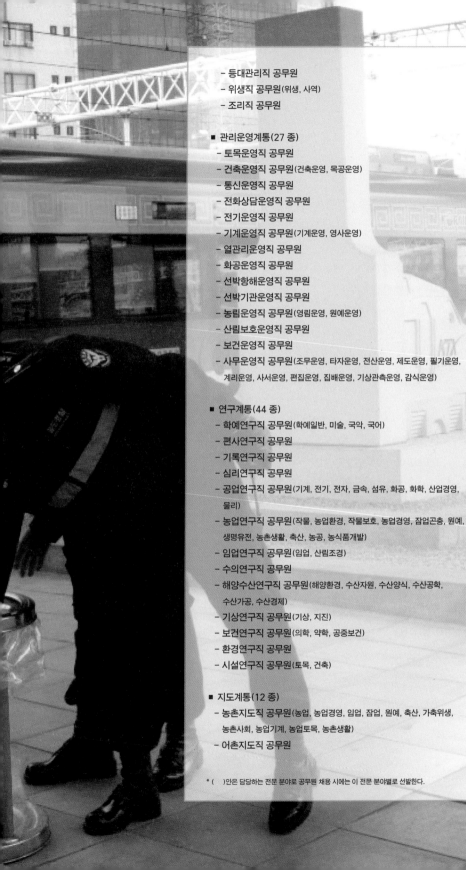

– 등대관리직 공무원

– 위생직 공무원(위생, 사역)

– 조리직 공무원

■ 관리운영계통(27 종)

– 토목운영직 공무원

– 건축운영직 공무원(건축운영, 목공운영)

– 통신운영직 공무원

– 전화상담운영직 공무원

– 전기운영직 공무원

– 기계운영직 공무원(기계운영, 영사운영)

– 열관리운영직 공무원

– 화공운영직 공무원

– 선박항해운영직 공무원

– 선박기관운영직 공무원

– 농림운영직 공무원(영림운영, 원예운영)

– 산림보호운영직 공무원

– 보건운영직 공무원

– 사무운영직 공무원(조무운영, 타자운영, 전산운영, 제도운영, 필기운영, 계리운영, 사서운영, 편집운영, 집배운영, 기상관측운영, 감식운영)

■ 연구계통(44 종)

– 학예연구직 공무원(학예일반, 미술, 국악, 국어)

– 편사연구직 공무원

– 기록연구직 공무원

– 심리연구직 공무원

– 공업연구직 공무원(기계, 전기, 전자, 금속, 섬유, 화공, 화학, 산업경영, 물리)

– 농업연구직 공무원(작물, 농업환경, 작물보호, 농업경영, 잠업곤충, 원예, 생명유전, 농촌생활, 축산, 농공, 농식품개발)

– 임업연구직 공무원(임업, 산림조경)

– 수의연구직 공무원

– 해양수산연구직 공무원(해양환경, 수산자원, 수산양식, 수산공학, 수산가공, 수산경제)

– 기상연구직 공무원(기상, 지진)

– 보건연구직 공무원(의학, 약학, 공중보건)

– 환경연구직 공무원

– 시설연구직 공무원(토목, 건축)

■ 지도계통(12 종)

– 농촌지도직 공무원(농업, 농업경영, 임업, 잠업, 원예, 축산, 가축위생, 농촌사회, 농업기계, 농업토목, 농촌생활)

– 어촌지도직 공무원

* (   )안은 담당하는 전문 분야로 공무원 채용 시에는 이 전문 분야별로 선발한다.

〈특정직 공무원〉

특정직 공무원은 일반 공무원들과는 달리 특수한 분야의
일들을 담당하기 때문에 자격이나 신분보장 또는 근무 등에 있어
일반 공무법이 적용되는 것이 아니고 각각 개별적으로 규정한
특별법이 우선적으로 적용된다. 예를 들면 특정직 공무원 신분인
군인이나 청와대 경호원은 일반 공무원들처럼 국가공무원법이나
지방공무원법에 따르지 않고, 군인사법이나 대통령경호실법과
같은 별도의 법률에 따른다는 의미이다. 이 별도의 개별법을
특별법이라고 칭하며, 우선 특별법에 따라 적용하되 특별법에
정해져 있지 않는 사항에 대해서는 일반 공무원들과 같은 법을
적용한다. 이처럼 특정직 공무원들은 특별법이 우선적으로
적용되는 공무원들이다.

따라서 특정직 공무원들은 신분적으로는 분명 공무원이지만
일반적으로 공무원이라 부르지 않고 각각의 특정한 명칭으로
부른다. 예를 들면 법관, 검사, 외교관, 경찰, 군인, 교사, 소방원,
경호원, 헌법연구관, 국가정보원 등이 있다.

특정직 공무원은 대다수가 국가공무원이지만 다음과 같은
특정직 공무원은 지방공무원에 포함한다.

- 공립의 대학 및 전문대학에 근무하는 교육공무원
- 자치경찰 공무원(자치경찰제 실시의 경우)
- 지역 소방서에 근무하는 소방공무원(2020년 4월부로
  국가직으로 전환되어 지방공무원에 포함되지 않는다.)

특정직 공무원

- **특수 분야의 업무를 담당하는 공무원**

- **특별법이 우선적으로 적용된다.**

- **공무원으로 보다는 특정 명칭으로 불린다.**

〈특정직 공무원의 종류, 등급 체계 및 관련 주요 특별법〉

종류	등급 체 계	주요 특별법
법관	■ 3등급 : 대법원장, 대법관, 판사	법원조직법
검사	■ 2등급 : 검찰총장, 검사	검찰청법
외무공무원	■ 14등급 : 일반공무원과 같은 계급이 없는 대신 직무등급이 법률상 14등급으로 나뉘어져 있지만 일반직 공무원 8급이나 9급에 해당하는 2등급, 1등급은 실제상에는 없음	외무공무원법
경찰공무원	■ 11등급 : 치안총감, 치안정감, 치안감, 경무관, 총경, 경정, 경감, 경위, 경사, 경장, 순경	경찰공무원법
소방공무원	■ 11등급 : 소방총감, 소방정감, 소방준감, 소방정, 소방령, 소방경, 소방위, 소방장, 소방교, 소방사	소방공무원법
교육공무원	■ 교육기관(5등급) - 교장, 교감, 1급 정교사, 2급 정교사, 준교사 - 교수, 부교수, 조교수, 전임강사, 조교 ■ 교육행정기관(2등급) : 장학관, 장학사 ■ 기타(2등급) : 교육연구관, 교육연구사	교육공무원법
군인	■ 20등급 : 원수, 대장, 중장, 소장, 준장, 대령, 중령, 소령, 대위, 중위, 소위, 준위, 원사, 상사, 중사, 하사, 병장, 상등병, 1등병, 2등병	군인사법, 군형법
군무원	■ 일반군무원 : 9등급(1급 : 최상위급 ~ 9급 : 최하위급) ■ 기능군무원 : 10등급(1급~10급)	군무원인사법
헌법재판소 헌법연구관	■ 2등급 : 헌법연구관, 헌법연구관보 (단, 헌법연구관보 단계는 별정직 공무원임)	헌법재판소법
국가정보원 직원	■ 일반직 : 9등급(1급 : 최상위 ~ 9급 : 최하위) ■ 기능직 : 0등급(1급~10급) ※ 기능직은 법률상 10등급이지만 실제 2급 이상은 없음	국가정보원 직원법
경호공무원	■ 9등급 : 1급(최상위급) ~ 9급(최하위급)	대통령경호실법

*외무공무원 직무등급 순위는 일반공무원들의 순위와는 거꾸로 1급이 최하위급임.

특수경력직 공무원 : 비정규직 공무원

앞서 말했듯 우리가 일반적으로 알고 있는 공무원이란,
공무원을 평생 직업으로 삼는 경력직 공무원(직업공무원)들이다.
그런데 이들 이외에도 특별한 공무원이 있는데 우리는 그들을
특수경력직 공무원이라고 부른다.

특수경력직 공무원이란 경력직 공무원과는 다르게 공무원이
되기 위한 공개경쟁 시험을 치르지 않아도 되지만, 특정 기간이
끝나면 공무원을 그만 두어야 한다. 또 공무원의 주요 장점인
정년 보장 대우가 없으며, 공무원을 그만 둘 때까지 특정
업무만을 담당하며 근무한다.

나아가 승진이나 휴직 또는 명예퇴직과 같은 제도의 적용에서
제외된다. 따라서 우리가 공무원이 되고 싶다고 말 할 때의
공무원이란 앞에서 이야기한 경력직 공무원이며 이러한
특수경력직 공무원은 그 대상이 아님을 알아야 한다. 하지만
참고로 알아두면 진로에 많은 도움이 될 것으로 생각한다.

이러한 특수경력직 공무원에는 정무직 공무원과 별정직
공무원 2종류가 있다.

종류	■ 정무직 공무원 ■ 별정직 공무원

특성	■ 특정 기간 동안만 공무원 ■ 승진이 없으며 신분보장이 안됨 ■ 별도의 기준으로 채용 ■ 특정 전문 업무만 담당

<〈정무직 공무원〉>

오늘날의 일반 공무원은 행정 업무를 주로 하는 직업인이지만 정무직 공무원은 행정보다는 정책방향 결정 등을 비롯한 정치적인 성격의 업무를 수행하는 공무원이다. 따라서 정무직 공무원은 공무원이라기보다는 정치인과 유사하며, 다음과 같은 세 가지 경로를 통하여 정무직 공무원으로 채용될 수 있다.

첫째, 선거를 통하여 취임하는 경우인데 바로 대통령이나 국회의원을 비롯한 시장·도지사 같은 사람들이 그 대표적인 예이다.

둘째, 국회의 동의가 필요한 경우로 대법원장이나 국무총리 또는 감사원장 등이 있다.

셋째, 전문적인 지식을 바탕으로 중요한 정책적 결정을 하거나, 혹은 이를 보좌해주는 일을 하는 직책 중 법률에 의해 정무직으로 정해진 경우이다. 정부 부처의 차관이나 처장, 청장 및 헌법재판소 재판관 같은 사람들이 이에 속하며 보통 고위직 공무원들이 해당된다.

정무직 공무원은 중요한 정치적 혹은 정책적 방향을 결정하는 일을 하고, 이러한 결정에 필요한 보조적인 일들을 담당한다. 이들은 다른 공무원들에 비해 정치적 상황에 무척 민감하다. 왜냐하면 그들의 판단과 결정이 국가와 국민의 이익에 중대한 영향을 미치며, 또한 정치와 밀접한 관계를 가지기 때문이다. 따라서 정치적 상황이나 중요한 정책 결정 등과 밀접한 관련이 있거나, 시대적 상황을 민감하게 받아들여야 하는 직책일 경우 보통 정무직 공무원 신분으로 채용되는 편이다.

이들 정무직 공무원의 중심에는 대통령이 있으며 이들은 대통령의 정치적 의지를 정책으로 만들고 집행하는 과정에 참여한다. 결국 정무직 공무원은 정치적 변동과 직접적으로

정무직 공무원

■ 선거에 의해 취임하는 공무원

■ 국회의 동의에 의해 임용되는 공무원

■ 중요한 정책 결정 또는 이를 보조하는 공무원

연결되기 마련이고, 대통령이나 기관의 장이 바뀌게 되면 임기와 상관없이 교체되는 경우가 많다.

■ 정무직 공무원의 종류

1. 선거를 통해 취임하는 정무직 공무원의 종류와 임기
   - 5년 임기직 : 대통령
   - 4년 임기직 : 국회의원, 교육감, 시장, 도지사, 군수,
     구청장, 도의원, 시의원, 군의원, 구의원.

2. 국회 동의를 받아 임명되는 정무직 공무원의 종류
   - 대법원장, 국무총리, 헌법재판소장, 대법관, 감사원장

3. 중요한 정책을 결정하거나 이를 보조하는 정무직 공무원의
   종류
   - 감사위원, 감사원 사무총장, 국회사무총장 및 차장,
     국회도서관장, 의정연수원장, 헌법재판소 재판관,
     헌법재판소 사무처장 및 차장, 중앙선거관리위원회
     상임위원, 중앙선거관리위원회 사무총장 및 차장,
     대통령비서실장, 국가안보실장, 대통령경호실장,
     국무위원, 장관, 차관, 행정부 처장, 청장, 국무조정실장 및
     차장, 국가정보원장 및 차장, 중앙인사위원회위원장,
     대통령 수석비서관, 국무총리 비서실장, 대법원 비서실장,
     국회의장 비서실장, 국가인권위원회 위원장 및 상임위원,
     원자력안전위원회 위원장, 민주평화통일자문회의
     사무처장 …

   * 청장 중 경찰청장과 해양경찰청장은 특정직 공무원임. 소방청장은 정무직
     또는 특정직임.

〈별정직 공무원〉

　국가기관이 하는 일에는 행정 이외에도 여러 가지 업무가 있다. 전문적인 지식이나 기술 및 경험이 필요한 경우가 바로 그것이다. 이러한 업무는 일반 행정공무원들 보다는 그 분야에 전문적 식견과 자격이 있는 사람들이 처리하는 것이 바람직하다. 이에 특정한 업무를 담당하기 위해 별도의 자격 기준에 따른 별정직 공무원으로 임용하거나 혹은 임용하도록 법령이나 조례·규칙으로 정해 놓은 공무원을 별정직 공무원이라고 말한다. 그러나 특정한 분야를 규정해 두고, 마땅히 이 분야만큼은 별정직 공무원이 맡아야 한다는 고정된 업무 분야는 없다. 다만 행정기관이 별정직 공무원이 담당하는 것이 바람직해 직책이 필요하다고 판단되면, 법령이나 조례 및 규칙에 따라 별정직 공무원을 채용한다. 따라서 기관에 따라 별정직 공무원이 담당하는 업무와 직위는 천차만별이므로 이를 잘 알아두어야 한다.

별정직 공무원

■ 일반 행정 이외의 특정 업무를 담당하기 위해 법령 또는 조례 · 규칙으로 별정직이라 정해 놓은 공무원

■ 별정직 공무원의 근무 상한 연령 : 60세

별정직 공무원은 다른 특수 경력직 공무원과 마찬가지로 공무원 임용 결격사유를 비롯해 보수, 교육훈련, 상훈제도 및 복무 등에서 유사점을 가진다. 그러나 휴직을 할 수 없고, 행정상 억울한 처분을 받았을 때 소청을 할 수 없으며 승진도 할 수 없다. 처음 채용될 때의 직급에서 퇴직 시까지 일해야 한다. 또 공무원으로서의 정년과 신분 보장이 안 되기 때문에 마땅한 이유가 생긴다면 언제든지 해고될 수 있는 불리한 점이 있다. 더불어 명예퇴직이나 조기퇴직도 불가능 하다. 다만 직제와 정원의 개폐나 예산 감소 등으로 직위가 없어지거나, 인원이 초과될 경우에 한해 자진 퇴직할 수 있으며, 이 경우 퇴직 당시 월봉급액의 6개월 치에 해당하는 자진퇴직수당을 받을 수 있다.

그러나 특별한 사정이 없다면 근무 상한 연령까지 지속적으로 근무할 수 있다는 점에서 특수 경력직 공무원 중에서는 가장 오랫동안 근무 가능한 공무원이라고 볼 수 있다.

■ 별정직 공무원의 종류
 - 별정직 공무원의 예 : 정부 부서 처, 청의 차장, 정책보좌관
 - 일반 지방 별정직 공무원의 예 : 지방자치단체장 비서, 비서관

〈별정직 공무원과 일반직 공무원의 같은 점과 다른 점〉

같은 점	다른 점
■ 공무원 임용 결격 사유 ■ 보수에 관한 사항 ■ 교육훈련, 평가, 상벌, 능률 ■ 공무원으로서의 의무 및 금지사항 (복무규정) ■ 당연 퇴직 사항: 강제 퇴직	※ 별정직에 적용되지 않는 제도 ■ 휴직 : 병역이나 육아로 인한 휴직은 가능 ■ 소청, 승진, 파견, 전보 등 ■ 정년제도 ■ 명예퇴직이나 조기퇴직

*소청제도: 공무원이 억울한 처벌이나 부당한 처분을 받았을 때 관할 소청심사위원회에 다시 심사해줄 것을 요청하는 제도

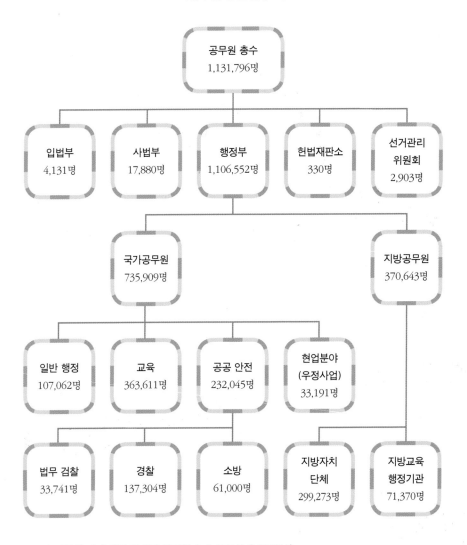

〈공무원 정원 분류표〉

공무원 총수
1,131,796명

입법부
4,131명

사법부
17,880명

행정부
1,106,552명

헌법재판소
330명

선거관리
위원회
2,903명

국가공무원
735,909명

지방공무원
370,643명

일반 행정
107,062명

교육
363,611명

공공 안전
232,045명

현업분야
(우정사업)
33,191명

법무 검찰
33,741명

경찰
137,304명

소방
61,000명

지방자치
단체
299,273명

지방교육
행정기관
71,370명

1) 공무원 전체 인원 중에서 행정부 소속 공무원이 97.7%임.

2) 행정부 소속 공무원 중에서 국가공무원이 65%, 지방공무원이 32.7%임.

3) 지방자치단체 소속 공무원 중에서 광역자치단체(특별시, 광역시, 도) 소속 공무원이 57,259명이고 기초자치단체(시, 군, 구) 소속 공무원이 242,014명임.

4) 소방공무원 지방직은 2020년 4월부터 국가직으로 전환되었기 때문에 국가공무원에 포함되어 있음.

〈자료 출처 : 2021년 행정자치통계연보〉

공무원 사회와 계급

　계급이라고 하면 우리는 쉽게 군인의 이미지를 떠올릴 수 있다.
군대처럼 공무원의 세계에도 계급이 있다. 물론 군인처럼 많은
단계를 가지고 있다거나, 사병이나 장교와 같은 신분적 차별은
없지만, 공무원 역시 계급 체계를 가지고 있다. 이 배경에는 근대
공무원 제도의 뿌리가 군인과 무관하지 않은 연유도 있지만, 계급
제도가 일을 능률적으로 처리하는데 있어 비교적 긍정적인
효과를 주기 때문이기도 하다.

　그러나 사회의 발전과 함께 정보·통신 수단이 발달하게
되었고, 특히 컴퓨터가 일상생활 속에 자리하게 되면서 사람들의
생활 방식도 바뀌었다. 이러한 사회 환경의 변화와 더불어
전통적인 계급 구조는 촉각을 다투어야 하는 현대 사회의 구조와

점점 맞지 않게 되었다. 따라서 오늘날 많은 사회단체와 조직들은 예전의 계급 구조 및 상명하복의 방식에서 탈피해 업무를 처리하는 단계를 효율적으로 줄이고, 협의체로 운영하거나 자유경쟁 방식을 선호하는 추세이다.

이러한 변화는 공무원 사회도 예외가 아니어서 개방식 직위, 고위 공무원단 제도, 성과급제도를 실시·도입하는 추세다. 특히 외교공무원의 경우에는 아예 계급 자체가 사라지고, 하는 업무에 따라 직무 등급제를 적용하고 있다.

그러나 이와 같은 계급 제도 변화에도 불구하고 여전히 공무원 사회의 근간에는 계급 구조가 자리 잡고 있다.

공무원은 계급이 올라갈 때마다 월급도 함께 오르고, 담당 업무의 성질도 달라진다. 일반적으로 5급(지방공무원은 6급) 이하의 공무원은 담당 업무를 직접 처리하고, 4급(지방공무원은 5급) 이상의 공무원은 업무 전체를 관리하고 지휘한다. 이에 따라 4급 공무원은 보통 과장, 3급은 국장이라는 직책을 맡게 되며 기초자치단체인 시·군·구에서는 5급 공무원이 과장, 4급 공무원이 국장을 맡는다. 또 지방의 행정부시장과 행정부지사는 고위공무원단 소속 공무원, 부시장과 부구청장은 3급, 부군수는 4급 공무원이 주로 한다.

이처럼 공무원은 계급이 높아질수록 권한과 책임도 무거워지는 일을 맡게 되며, 동시에 소속 직원들을 잘 관리하고 감독하여 자기가 맡은 부서를 원활하게 이끌어나가는 능력이 요구된다. 상대적으로 계급이 높은 공무원을 간부 공무원(4급· 5급 이상)이라고 부르기도 하는데 이 간부 공무원은 상급기관이나 관리자로부터 내려오는 지시나 지침, 정책을 잘 파악하여 이를 효율적으로 추진할 수 있도록 계획을 세운다. 또 하급 공무원들에게 각자가 해야 할 일을 나누어주고, 종합적으로 일을 추진해 나간다. 당연히 업무를 지시하는 간부급 공무원보다 직접 업무를 수행하는 하위직 공무원의 수가 훨씬 많기 마련이라 공무원 사회는 계급이 낮을수록 인원수가 많고, 계급이 높을수록 숫자가 적어지는 피라미드와 같은 형태를 가지고 있다.

〈행정 · 기술 계통〉

공무원의 계급은 공무원의 종류에 따라 상이하지만 보통
행정·기술 계통 일반직 공무원의 경우에는 9등급으로 나누어
분류한다. 분류는 최상위인 1급부터 최하위인 9급까지로
구분하며 호칭은 다음과 같다.

계급	1급	2급	3급	4급	5급	6급	7급	8급	9급
호칭	관리관	이사관	부이사관	서기관	사무관	주사	주사보	서기	서기보

■ 국가공무원과 지방공무원의 차이는 없으며 호칭에 있어서
지방공무원은 국가공무원의 명칭 앞에 지방이라는 말만
덧붙인다.

■ 행정부 국가공무원의 경우에 1급과 2급을 통합하여
고위공무원단이라고 부른다. 그러나 지방공무원의 경우에는
1급, 2급을 그대로 사용하고 있다. 입법부 공무원, 사법부
공무원, 헌법재판소 공무원, 선거관리위원회 공무원의
경우에도 1급, 2급의 직급을 그대로 사용한다.

■ 일반적으로 5급 이하 공무원은 업무분야에 대한 명칭을
호칭 앞에 붙인다.
예) 행정사무관, 검찰 주사, 법원주사보, 세무주사보,
마약수사서기, 농업서기보

■ 지방공무원의 경우에는 호칭 맨 앞에 지방이라는 명칭을
덧붙인다.
예) 지방행정사무관, 지방교육행정주사, 지방세무주사보,
지방농업서기

- 4급 호칭은 행정계통은 모두 서기관으로, 기술계통은
  기술서기관으로 통일하였다. 단, 감사분야 4급은 감사관으로,
  5급은 부감사관으로 호칭한다.

- 3급 호칭은 행정계통, 기술계통 모두 부이사관으로
  통일하였다.

〈연구 · 지도 계통〉

연구·지도 계통의 일반직 공무원은 다음과 같이 2등급으로
구분되어 있다. 일반적으로 행정·기술 계통 일반직 공무원 5급
이상에 해당하는 자격과 경력이 있을 때 연구관 또는 지도관이라
부르고, 6급 이하는 연구사 또는 지도사라고 부른다.

계급	5급 상당 이상	6급 상당 이하
호칭	연구관, 지도관	연구사, 지도사

- 해당 업무분야에 대한 명칭을 호칭 앞에 붙이며
  지방공무원인 경우에는 지방이라는 명칭을 맨 앞에 덧붙인다.
  예) 학예연구관, 공업연구관, 농업연구사, 지방학예연구관,
  지방농업연구사

특정직 공무원은 분명 공무원이지만, 일반적인 공무원의
성질보다는 별도의 다른 성질을 가진 직업으로 분류된다. 특정직
공무원의 경우 소방관을 제외하고 모두 국가공무원으로
구분하고 있으며, 공무원 중 가장 많은 숫자를 차지한다. 이들은
각각 별도의 개별법이 적용되는 공무원들로 계급이나 호칭도
각각의 소속에 따라 달라 일반 행정직 공무원과 구별된다.

때문에 일반적으로 이들은 공무원이라고 여겨지지 않고 또
하나의 서로 다른 직업으로 인식되고 있다. 그럼 특정직 공무원
각각의 계급과 호칭에 대해 살펴보기로 하자.

〈법관 : 3등급〉
　대법원장 - 대법관 - 판사

판사의 자질을 높이기 위해 1998년에 도입된 예비판사 제도는
2007년 법원조직법이 개편되면서 폐지되었다. 이에 현재의 법관
계급 체계는 3등급으로 구분되어 있다.

우리가 매스컴을 통해 자주 접하는 부장판사와 법원장과 같은
명칭은 계급이 아니며, 재판이나 법원의 업무를 처리하기 위해
만들어진 직책이라는 것을 알아야 한다. 즉, 이들의 계급은 모두
같은 판사이다.

따라서 우리나라의 경우 1명의 대법원장과 13명의 대법관을
제외한 전국의 법관이 모두 동일한 계급인 '판사'다.

〈검사 : 2등급〉

검찰총장 – 검사(검찰청법 제6조)

현행 검찰청법에 의하면 우리나라 검사의 등급은 검찰총장과
검사 2계급으로 나뉘어져 있다. 즉, 1명의 검찰총장 이외에는
모두 동일한 검사라는 의미다.

그러나 잘 알려져 있는 것처럼 검사들의 계급 질서는 아주
엄격하다. 검찰총장을 제외한 모든 이가 같은 계급의 동일한
검사인데도 검사들 사이의 계급 질서가 엄격한 이유는 무엇일까.

검찰청법을 살펴보면 우리나라 검찰청은 대검찰청 – 고등검찰청
– 지방검찰청 순으로 구분되어 있으며 대검찰청에는 검찰총장
– 차장검사 – 대검찰청 검사, 고등검찰청에는 검사장 – 차장검사
– 부장검사 – 고등검찰청 검사, 지방검찰청에는 검사장 – 지청장
– 차장검사 – 부장검사 – 지방검찰청 및 지청 검사 순으로
직책이 나뉘어 있다. 이들 직책과 직책 사이에는 이른바
상명하복식의 지휘와 감독이 존재한다. 즉, 높은 직책을 맡은
검사가 낮은 직책을 맡은 검사를 지휘하고 감독한다.

즉, 검사라는 동일한 직위를 가지고 있더라도 맡고 있는 직책에
따라서 서열이 달라지는 셈이다. 정리하자면 검사의 세계엔 분명
서열이 있으나 계급의 구별은 없다는 뜻이다. 이러한 검사의
직책은 대체적으로 검사장 – 차장검사 – 부장검사 – 검사 순서로
낮아진다.

이렇듯 계급은 같지만 직책에 따라 서열이 매겨진다는 점에서
검사는 판사들과는 또 다른 질서 체계를 가지고 있다.

〈외무공무원 : 일반직 공무원과 같은 계급이 없음〉

외무공무원은 일반 공무원처럼 계급이 존재하지 않는다. 다만, 월급을 지불하는 데 등급을 나누어 구분하고 있다. 이러한 등급을 직무 등급이라 하는데 현재 14등급으로 구분되어 있다. 등급이 높으면 높을수록 많은 월급을 수령한다. 그렇지만 많은 월급을 받는 등급이 반드시 높은 직책인 것은 아니다. 월급의 등급이 낮은 사람이 자신보다 높은 등급의 월급을 수령하는 사람과 같은 직책을 맡을 수도 있고, 자신보다 등급이 낮은 사람과 같은 직책을 맡을 수도 있다. 하지만 일반적인 경우라면 아주 낮은 직무 등급자가 아주 높은 직책을 맡지는 않으며, 비교적 자신의 직무 등급에 해당하는 직책을 맡고 있다. 따라서 업무의 난이도에 따라 비교적 어렵고, 업무량이 많은 일은 직무 등급이 높은 사람이 담당하게 되며, 난이도가 쉬울수록 직무 등급이 낮은 사람이 맡는다. 예를 들면 다음과 같다.

■ 각종 직책과 직무 등급 관계
1. 한반도평화교섭본부장 및 이에 상당하는 직위 : 14등급
2. 차관보, 의전장, 기획조정실장, 다자외교조정관, 통상교섭조정관, 자유무역협정교섭 대표 및 이에 상당하는 직위 : 고위공무원단 가 등급
3. 대변인, 평가담당대사, 에너지자원대사, 기후변화대사, 국제안보대사, 재외동포영사대사, 국장, 부대변인, 담당관(과장에 상당하는 담당관을 제외한다), 외교원 경력 교수, 기획부장, 교수부장, 외교안보연구소장, 외교안보연구소의 연구부장 및 이에 상당하는 직위 : 고위공무원단 가 등급과 나 등급 또는 9등급
4. 과장 및 이에 상당하는 직위 : 8등급 내지 9등급
5. 그 밖의 직위 : 1등급 내지 8등급

* 직무 등급은 법률상 14등급으로 나누어져 있지만, 일반직 공무원 8급이나 9급에 해당하는 2등급, 1등급은 사실 존재하지 않는다.

외무공무원의 대외직명

외무공무원이 외교활동을 하거나 해외에 있는 우리나라 공관(대사관, 영사관,…)에서 일을 할 때 사용하는 명칭을 대외직명이라고 하는 데 외교관의 직위라 할 수 있다. 우리나라 외교관의 직위는 특명전권대사, 대사, 공사, 공사참사관, 참사관, 1등서기관, 2등서기관, 3등서기관 등의 순으로 되어 있고 영사 관련 직위로는 총영사, 부총영사, 영사, 부영사 순으로 되어 있다.

〈외무공무원의 실제 직무등급과 일반직 공무원의 계급 비교〉

외무공무원 직무등급	일반직 공무원 계급
14등급	없음
9등급~13등급 / 고위외무공무원	고위공무원
9등급(참사관급 직위에 해당하는 9등급)	3급
6등급~8등급	4급
5등급	5급
4등급	6급
3등급	7급
없음	8급
없음	9급

〈외무공무원의 대외직명 기준〉

구분		외교	영사
참사관급 이상	실장급 이상 및 특명전권대사 경력자	특명전권대사, 대사, 특명전권공사, 공사, 대리대사	총영사
	공사급 직위 및 총영사 경력자	특명전권대사, 대사, 특명전권공사, 공사, 대리대사, 공사참사관	총영사, 부총영사
	심의관, 공사참사관 및 부총영사 경력자	특명전권대사, 특명전권공사, 공사, 대리대사, 공사참사관, 참사관	총영사, 부총영사
	참사관급 직위(공사참사관 및 부총영사 제외)경력자	공사, 대리대사, 공사참사관, 참사관, 1등서기관	총영사, 부총영사, 영사
참사관급 미만	외교통상직렬	참사관, 1등서기관, 2등서기관, 3등서기관	영사, 부영사
	외무영사직렬	참사관, 1등서기관, 2등서기관, 3등서기관	영사, 부영사
	외교정보기술직렬	참사관, 1등서기관, 2등서기관, 3등서기관	영사, 부영사

〈경찰공무원 : 11등급〉

경찰은 업무의 특성상 상명하복식의 엄격한 계급 구조를
가지고 있다. 이러한 엄격함 때문에 경찰은 군대 체제와 유사한
성격을 지닌다. 다만 군대가 외부의 적들로부터 국가를 지키는
국방의 역할을 담당한다면, 경찰은 내부적으로 사회의 안전과
질서를 유지하는 역할을 담당한다는 차이점이 있다. 때문에
군대와 경찰을 통괄하여 지휘하는 국가도 존재한다.

■ 경찰공무원의 계급(높은 순으로)
    치안총감 - 치안정감 - 치안감 - 경무관 - 총경 - 경정
    - 경감 - 경위 - 경사 - 경장 - 순경

일반적으로 경찰공무원으로 채용되면 순경 계급부터
시작한다. 하지만 경찰대학이나 경찰간부후보생으로 졸업한
경우엔 경위 계급부터 경찰공무원생활을 시작한다. 또한 변호사
자격이 있는 자를 경감으로 특별채용하기도 하며 업무의 성질에
따라 전문가나 경력자를 경장 또는 경위 계급으로 특별 채용하는
경우도 있다.

(자세한 사항은 '나의 직업 경찰관' 편 참조)

〈소방공무원 : 11등급〉

- 소방공무원의 계급(높은 순으로)

  소방총감 – 소방정감 – 소방준감 – 소방정 – 소방령 –

  소방경 – 소방위 – 소방장 – 소방교 – 소방사

소방공무원 역시 경찰공무원처럼 11등급으로 계급이 나누어져 있다, 일반 소방공무원은 소방사 계급에서 시작하고 소방간부후보생 졸업자는 소방위 계급부터 시작한다. 소방위 계급이면 일선 소방파출소의 소장을 담당하는 계급이다.

(자세한 사항은 '나의 직업 소방관' 편 참조)

〈교육공무원 : 5등급 또는 2등급〉

1. 교육기관(유치원, 학교)의 경우 : 5등급

   - 원장 – 원감 – 1급 유치원 정교사 – 2급 유치원 정교사

     – 유치원 준교사

   - 교장 – 교감 – 1급 정교사 – 2급 정교사 – 준교사

   - 정교수 – 부교수 – 조교수 – 전임강사 – 조교

2. 교육행정기관의 경우 : 2등급

   - 장학관 – 장학사

   (자세한 사항은 '나의 직업 선생님' 편 참조)

〈군인 : 20등급〉

군대는 계급 사회를 대표하는 조직인 만큼 계급 역시 다음과
같이 여러 단계에 걸쳐 세분화되어 있다.

- 군인의 계급(높은 순으로)
  원수 - 대장 - 중장 - 소장 - 준장 - 대령 - 중령 - 소령
  - 대위 - 중위 - 소위 - 준위 - 원사 - 상사 - 중사 - 하사
  - 병장 - 상등병 - 1등병 - 2등병

* 원수의 계급은 법률에는 있지만 실제로는 아직 없다.

소위 이상의 계급을 통틀어 장교라 하고, 준위는 준사관,
원사부터 하사까지는 부사관, 마지막으로 병장 이하를 병으로
구분하고 있다. 준장 이상의 장교를 장관급 장교, 소령에서
대령까지를 영관급 장교, 소위부터 대위까지를 위관급 장교라
한다.

병은 대체로 병역 의무 복무자들로 구성되어 있으며, 부사관
이상은 보통 군인을 직업으로 선택한 사람들이다.

(자세한 사항은 '나의 직업 군인' 편 참조)

〈군무원 : 일반군무원(9등급), 기능군무원(10등급)〉

군인이 아니면서 군대에서 군인과 함께 근무하며 군대와
관련된 일을 하는 공무원을 군무원이라고 한다. 대통령 또는
국방부장관이 임명하며 군인처럼 군법의 적용 대상이다.
담당하는 일에 따라 다음과 같은 두 부류로 나누어지며 계급
체계도 서로 다르다.

- 일반군무원 : 기술·연구 또는 행정일반에 대한 업무를
  담당하는 군무원으로 계급이 9등급으로 나누어짐.
- 기능군무원 : 기능적인 업무를 담당하는 군무원으로 계급이
  10등급으로 나뉘어져 있음. 그러나 현실적으로 5급 이상의
  기능군무원은 없음.

군무원 임용권자

1. 5급 이상의 일반군무원
은 국방부장관의 제청으로
대통령이 임용한다. 다만,
대통령의 위임에 의하여 국
방부장관이 임용할 수 있
다.

2. 6급 이하의 일반군무원
및 기능군무원은 국방부장
관이 임용한다. 다만, 국방
부장관의 위임에 의하여 각
군의 참모총장, 국방부직
할부대·기관의 장 또는 장
관급장교인 부대·기관의
장이 임용할 수 있다.

〈군무원에 대한 대우 기준(군무원과 군인의 비교)〉

| 군무원의 계급 | | 대우 기준 | 비 고 |
일반	기능		
4급	-	소령	-
5급	-	대위	5급에서 4년 이상 근무한 자
-	-	중위	5급에서 1년 이상 근무한 자
-	-	소위	-
6급	기능 6급 이상	준위	-
7급	기능 7급	원사	7급 또는 기능 7급에서 6년 이상 근무한 자
-	-	상사	-
8급	기능 8급	중사	-
9급	기능 9급	하사	기능 10급에서 1년 이상 근무한 자
-	기능 10급		

〈헌법재판소 헌법연구관 : 2등급〉

헌법연구관 – 헌법연구관보

헌법연구관에 임용되기 위해서는 반드시 3년 동안의 헌법연구관보를 거쳐 자질과 능력을 평가받아야 한다. 즉, 3년 동안 헌법연구관으로서의 자질이 있는지 없는지를 살펴본다는 것이다. 결과에 따라 능력이 인정되는 사람에 한해 헌법연구관으로 채용하고 있으며 만약 능력이 없다고 판단되면 헌법연구관이 될 수 없다. 주의해야 할 점은 헌법연구관은 특정직 공무원으로 임기(10년, 연임 가능)를 보장받지만 헌법연구관보는 별정직 공무원으로서 만약 헌법연구관이 되지 못할 경우에는 그만 두어야 한다.

〈국가정보원 직원 : 9등급〉

국가정보원 직원은 일반적으로 일반직원과 기능직 직원으로 구성되어 있지만 필요한 경우에는 전문관이나 계약직 공무원을 채용할 수 있다. 전문관이나 계약직 공무원에는 직원 계급이 적용되지 않는다.

- 전문관: 54세 이하의 4급 및 5급 직원으로서 해당 계급에서의 재직기간이 5년 이상인 사람 중에서 임용
- 채용분야
  1. 장기적 경험축적과 업무의 연속성 유지를 통하여 전문성이 크게 요구되는 정보·보안·수사 분야
  2. 과학기술 등 직무의 난이도가 높은 분야
- 특이사항: 전문관은 1급부터 9급까지의 직원이나 기능직 직원으로 다시 채용될 수 없다.

국가정보원 계약직 직원 채용 분야

- 과학 · 기술 등 특수 업무 분야

- 비서 · 정보입력 등 정보 업무 지원 분야

- 의료 · 통역 등 전문지식이나 경험이 요구되는 분야

〈경호공무원 : 9등급〉

경호공무원은 대통령 및 그 가족의 안전을 지킴으로써 대통령의 원활한 국정 운영을 돕는 국가공무원이다. 계급은 일반 행정 공무원과 마찬가지로 9등급 체제로 이루어져 있다.

계급 및 호칭								
1급	2급	3급	4급	5급	6급	7급	8급	9급
관리관	이사관	부이사관	경호 서기관	경호 사무관	경호 주사	경호 주사보	경호 서기	경호 서기보

경호공무원은 원칙적으로는 대통령과 그 가족을 경호하는 임무를 담당하지만, 다음과 같은 경호 활동도 겸행한다.

- 대통령 당선인과 그 가족
- 퇴임 후 10년 이내의 전직 대통령과 그의 배우자
- 대통령권한대행과 그 배우자
- 방한하는 외국의 국가원수 또는 행정수반과 그 배우자
- 그밖에 경호실장이 경호가 필요하다고 인정하는 국내외 중요 인물

공무원들이 매달 받는 보수는 크게 봉급과 수당으로 이루어져 있다. 봉급은 공무원이 맡은 일의 종류, 계급 및 근무 기간 등에 따라 지급하는 기본 급여이며, 수당은 직책이나 일하는 상황 및 생활 여건 등에 따라 지급되는 추가 급여다.

봉급

공무원의 봉급을 정할 때에는 공무원의 계급과 근무 기간이 고려되는데, 각각의 공무원마다 계급과 근무 기간을 바탕으로 정해지는 호봉에 의해 봉급이 결정되는데 이를 법령으로 규정하고 있다. 이를 봉급표라고 하는데 공무원의 종류에 따라 봉급표가 다르다.

'호봉'이라는 것은 근무한 햇수를 기준으로 정해지는데 나름대로의 원칙이 있다. 만일 7급 공무원 채용시험에 합격하여 근무할 경우 첫 해에 1호봉이 되고, 그 후 1년이 지나면서 1호봉씩 올라가 5년 후에는 5호봉이 되는 방식이다. 즉, 첫 해에는 7급 1호봉의 봉급을 받지만 5년 후에는 7급 5호봉의 봉급을 받게 된다.

만약 다른 직장에서 근무를 하다가 공무원이 되었다면 이전에 일하던 직업의 종류에 따라 공무원으로 근무한 햇수를 계산해주는 경우도 있다. 이를 공무원의 경력 환산율이라고 하는데, 이 역시 공무원의 종류에 따라 햇수를 적용하는 방식이 다르다. 이러한 경력 환산율은 처음 공무원을 시작하는 사람들의 월급을 결정하는 데 중요한 역할을 한다.

호봉이 올라가기 위해서는 이처럼 일한 햇수가 많아야 하지만, 종종 열심히 업무를 수행하거나 좋은 성과를 올려 그 보상으로서 호봉이 올라가는 경우도 있다. 따라서 공무원을 시작할 때에는 서로 같은 호봉이었을지라도 몇 년 뒤에는 각자의 업무 성과에 따라 호봉이 달라질 수도 있다.

또 공무원으로서 근무하다가 승진을 할 경우에는 호봉을 계산하는 방법이 따로 정해져 있는데 여기에 대해서는 잠시 뒤에 언급하기로 한다.

승진

일한 햇수가 늘어 호봉이 하나 올라가는 것을 승급이라고 하는데 승진은 이와 달리 계급이 하나 올라 갈 때를 말한다.

〈일반직 공무원과 일반직에 기준을 둔 특정직 및 별정직 공무원의 봉급표〉

〈단위: 원〉

호봉	1급	2급	3급	4급 (6등급)	5급 (5등급)	6급 (4등급)	7급 (3등급)	8급 (2등급)	9급 (1등급)
1	4,189,900	3,771,900	3,403,000	2,916,600	2,606,400	2,150,200	1,929,500	1,720,300	1,686,500
2	4,336,700	3,911,800	3,528,900	3,035,700	2,711,700	2,250,200	2,017,500	1,803,900	1,709,600
3	4,487,300	4,053,600	3,658,600	3,156,700	2,821,100	2,353,400	2,110,700	1,892,000	1,748,300
4	4,641,300	4,196,800	3,789,200	3,280,600	2,934,700	2,458,800	2,208,700	1,982,000	1,802,400
5	4,799,000	4,341,900	3,921,900	3,406,200	3,051,300	2,567,400	2,310,100	2,075,500	1,872,000
6	4,958,600	4,487,200	4,055,900	3,533,000	3,170,300	2,679,000	2,414,000	2,171,300	1,959,500
7	5,120,600	4,634,500	4,191,500	3,660,900	3,291,100	2,790,900	2,518,500	2,267,400	2,046,500
8	5,284,000	4,781,500	4,327,500	3,789,500	3,413,400	2,903,100	2,623,800	2,359,800	2,130,400
9	5,449,700	4,929,600	4,464,600	3,918,500	3,536,100	3,015,700	2,723,900	2,447,900	2,210,700
10	5,616,300	5,077,500	4,601,600	4,047,300	3,659,700	3,121,300	2,819,500	2,531,300	2,288,000
11	5,782,600	5,226,200	4,738,800	4,177,300	3,775,100	3,221,500	2,909,600	2,612,000	2,361,700
12	5,954,500	5,379,900	4,881,100	4,299,600	3,886,500	3,320,200	2,998,200	2,690,900	2,435,000
13	6,127,300	5,534,600	5,013,300	4,414,000	3,992,200	3,412,900	3,082,300	2,766,700	2,505,200
14	6,300,700	5,674,600	5,136,100	4,520,700	4,090,800	3,500,500	3,162,600	2,839,100	2,573,500
15	6,452,100	5,803,700	5,249,200	4,621,200	4,183,900	3,584,800	3,239,400	2,908,700	2,638,600
16	6,586,600	5,922,000	5,354,700	4,716,100	4,271,500	3,663,600	3,312,000	2,975,900	2,701,700
17	6,705,900	6,031,000	5,452,700	4,804,200	4,353,900	3,738,800	3,381,700	3,038,600	2,763,300
18	6,812,100	6,130,500	5,543,800	4,886,400	4,431,700	3,810,000	3,448,400	3,099,400	2,820,600
19	3,907,200	6,222,500	5,628,000	4,963,200	4,505,000	3,877,600	3,511,200	3,157,800	2,877,100
20	6,992,400	6,306,400	5,707,000	5,035,000	4,573,700	3,941,100	3,571,000	3,213,500	2,930,900
21	7,071,000	6,383,100	5,780,000	5,102,100	4,638,300	4,002,200	3,628,100	3,266,600	2,981,700
22	7,140,900	6,453,500	5,847,700	5,165,000	4,699,000	4,059,700	3,681,900	3,317,600	3,030,400
23	7,200,100	6,517,900	5,910,100	5,224,100	4,756,400	4,113,600	3,734,100	3,366,200	3,076,900
24		6,570,500	5,968,500	5,279,800	4,809,900	4,165,000	3,783,500	3,413,100	3,121,400

1. 위 금액은 2022년 깃으로 호봉에 따른 봉급의 액수는 해마다 조금씩 다를 수 있음.
2. 6급 32호봉까지 있으나 25호봉 이하는 생략하였음.

　공무원의 봉급을 주기 위해서는 먼저 호봉을 정해야 한다. 만약 대학을 졸업하고 아무런 사회 경력 없이 바로 공무원이 되었다면 그 사람은 1호봉이 된다. 그러나 군대를 다녀왔다면 군복무 기간의 경력이 인정되어 공무원으로 일한 것과 똑같이 2년의 경력을 인정해준다. 이 경우 1호봉이 아닌 2년의 경력을 합해 3호봉이 된다.

　이처럼 공무원이 되기 전에 경험한 사회활동에 따라 그 활동을 공무원의 경력으로서 얼마만큼 인정해주는지를 결정하는 기준이 바로 공무원의 경력 환산율이다. 이는 앞에서 말한 것처럼 공무원의 종류에 따라 다르게 정해져 있다.

　이러한 경력 환산율은 공무원을 처음 시작하는 사람들의 첫 호봉을 정하는데 사용되기 때문에 월급을 받는데 있어서 아주 중요한 역할을 한다고 볼 수 있다.

〈경력 환산율의 종류〉

　공무원의 첫 봉급의 호봉을 결정할 때 이전 직업에 대한 경력을 얼마만큼 인정할 것인가는 공무원의 종류에 따라 다른데 일반적으로 사용되는 5종류의 경력 환산율과 그 적용 대상 공무원은 다음과 같다.

- 일반직 공무원 등의 경력 환산율 : 일반직 공무원(연구 및 지도직 공무원 제외), 기능직 공무원, 고용직 공무원, 경찰공무원, 소방공무원, 일반직 공무원에 준하는 특정직 공무원 및 별정직 공무원

- 연구직 공무원의 경력 환산율 : 일반직 공무원 중 연구직 공무원

■ 지도직 공무원의 경력 환산율 : 일반직 공무원 중 지도직
 공무원

■ 교육 공무원 등의 경력 환산율 : 유치원교사, 초등학교 교사,
 중학교 교사, 고등학교 교사, 전문대학 및 대학 교수 등과
 이들에 준하는 공무원

■ 군인 경력 환산율 : 군인

본문에서는 이상의 다섯 가지 분류 중 가장 많이 사용되는
일반직 공무원의 경력 환산율에 대하여 설명하고자 한다.

〈일반직 공무원 등의 경력 환산율〉
1. 공무원으로 일한 것과 똑같이 인정해주는 직업 활동(100%
 인정) :
 - 다른 공무원으로 일했을 경우
 - 군 복무의 경우
 - 지방의회 의원으로 활동한 경우

2. 이전에 일한 기간의 80%만 인정해주는 직업 활동 :
 - 국가기술자격증이나 면허증 또는 박사 학위를 가지고
  공무원으로서 하는 일과 같은 일을 한 경우(환경 관련
  자격증을 가지고 환경 관련 업체에서 일을 하다가 환경 분야의
  공무원이 되었을 때)
 - 연구 및 기술 분야의 공무원이 교육기관이나 연구기관에서
  일을 한 경우
 - 공보 분야 공무원으로서 일간지 신문사, 통신사,
  방송기관의 정규직원으로 일을 한 경우

- 고도의 전문성이 필요한 일이나 특수 분야의 일을 하는
  공무원으로서 이전에 그와 같은 일을 하였을 경우
- 청원경찰로 일한 경우
- 청원산림보호직원으로 일한 경우
- 민간직업상담원으로 일한 경우
- 국가 또는 지방자치단체의 위원회 상임위원과
  전임직원으로 일한 경우
- 재외공관의 고용원으로 일한 경우

3. 이전에 일한 기간의 70%만 인정해주는 직업 활동 :
   - 별정우체국에서 정규직원으로 일한 경우
   - 국제기구의 정규직원으로 일한 경우
   - 사립학교의 정규 교직원으로 일한 경우
   - 중앙인사위원회가 인정하는 공공법인에서 행정, 경영,
     연구, 기술 분야의 정규직으로 일한 경우
   - 국·공립학교의 임시교원 또는 기간제 교원으로 일한 경우

4. 이전에 일한 기간의 50%만 인정해주는 직업 활동 :
   - 경찰공무원이 임용 전 경찰대학 설치법에 의한 교육과정을
     졸업한 경우의 교육기간
   - 사립학교에서 임시교원 또는 기간제 교원으로 일한 경우

호봉은 이러한 경력 환산율에 의해 정해지면 그 뒤 매년
1호봉씩 오른다. 호봉이 오르면 그 만큼 많은 봉급을 받게 되고,
또한 봉급을 기본으로 하여 정해지는 수당도 오르게 되어서
결과적으로 월급이 많이 오르게 된다.
　이러한 호봉은 근무한 햇수에 따라 오르는 것이 기본이지만,
성실히 업무를 수행해 다른 공무원의 모범이 될 경우 특별히
호봉을 올려 주기도 한다.

〈연구직 공무원 호봉〉

연구사 호봉	연구관 호봉
1	1
2	1
3	2
4	3
5	4
6	5
7	6
8	6
9	7
10	7
11	8
12	8
13	9
14	9
15	10
16	10
17	11
18	11
19	12
20	12

* 36호봉까지 있으나 21호봉부터는
생략하였음.

호봉이 오르는 것 이외에 월급이 오르는 또 다른 경우는 승진이다. 승진하여 계급이 높아지면 이에 따라 월급도 오르는데 이는 계급에 따라 봉급의 액수가 다르기 때문이다. 기본적으로 같은 호봉일 경우에는 계급이 높은 사람의 봉급이 낮은 사람보다 높다. 경우에 따라서는 이 차이가 너무 심하기 때문에 봉급 액수를 적절하게 조정하기 위해 승진자의 호봉을 다시 정하는데 이것이 바로 승진 시 호봉 조정에 관한 규정이다.

■ 공무원이 승진할 경우 호봉을 다시 정하는 기준
  1. 승진 제도가 있는 모든 공무원(일반직, 특정직, 기능직 공무원) :
     승진 전의 호봉 급수에서 1을 뺀 급수를 승진 후의 호봉으로 한다. (예: 8급 공무원 12호봉으로 있다가 7급 공무원으로 승진 했을 경우에는 12호봉에서 1을 뺀 11호봉으로 한다는 것이다. 즉 7급 11호봉의 봉급을 받으며 이때부터 또 해마다 1호봉씩 올라간다.)

  2. 연구직·지도직 공무원 연구사(지도사)에서 연구관 (지도관)으로 승진했을 경우 :
     옆에 있는 표에 나와 있는 것처럼 정해진다.

  3. 유치원, 초등학교, 중학교, 고등학교 교육공무원 :
     2급 정교사에서 1급 정교사가 되면 1호봉 올라가는 효과가 있음. 단, 교감이나 교장이 되었을 때는 호봉이 올라가지 않고 1급 정교사 호봉을 그대로 사용함.

  4. 전문대 및 대학 교육공무원 :
     전임강사 → 조교수로 승진시(2호봉 추가), 조교수 → 부교수로 승진시(3호봉 추가), 부교수 → 교수로 승진시(3호봉 추가)

〈지도직 공무원 호봉〉

지도사 호봉	지도관 호봉
1	1
2	1
3	1
4	2
5	3
6	3
7	4
8	5
9	5
10	6
11	6
12	7
13	7
14	8
15	9
16	9
17	10
18	10
19	11
20	11

* 36호봉까지 있으나 21호봉부터는 생략하였음.

봉급 이외에 공무원들에게 매달 지급하는 돈을 수당이라고
한다. 이는 공무원의 종류, 맡은 업무, 계급, 일하는 환경, 일하는
장소 등에 따라 액수가 다르다. 따라서 똑같은 계급의 똑같은
호봉을 받는 공무원이라도 수당으로 받는 금액은 서로 다를 수
있다.

공무원이 받는 월급은 봉급과 수당을 합친 것으로 봉급은
봉급표에 의해 고정되어 있지만 수당은 지급 시기에 따라 수시로
달라지기 때문에 매달 받는 월급의 액수가 다를 수가 있다.

여러 종류의 수당 중 어떤 수당은 모든 공무원에게 지급되지만
어떤 수당은 해당자에게만 지급된다. 또 행정부가 아닌 입법부나
사법부 등에 근무하는 공무원은 기타의 다른 수당을 수령할 수도
있다.

공무원이 봉급 이외에 받는 수당의 종류는 다음과 같은 것이
있다.

■ 봉급조정수당
  • 지급 시기 : 11월
  • 지급액 : 월봉급액의 21%

〈상여수당〉
  ■ 대우공무원수당 : 대우공무원에게만 주는 수당
    • 지급 시기 : 매달
    • 지급액 : 월봉급액의 4.1%
    * 대우공무원 : 승진할 수 있는 조건을 갖춘 우수한 공무원을 미리 한 계급
      높은 공무원으로 대우해 줄 수 있는데 이를 대우공무원이라고 한다.

  ■ 정근수당 : 1년 이상 근무한 모든 공무원에게 주는 수당
    (일한 햇수에 따라 다름.)

- 지급 시기 : 년 2회(1월과 7월)
- 지급액 : 2년 미만 근무자(월봉급액의 5%), 3년 미만
  (월봉급액의 10%), 4년 미만(월봉급액의 15%), 5년 미만
  (월봉급액의 20%), 6년 미만(월봉급액의 25%), 7년 미만
  (월봉급액의 30%), 8년 미만(월봉급액의 35%), 9년 미만
  (월봉급액의 40%), 10년 미만(월봉급액의 45%), 10년 이상
  근무한자(월봉급액의 50%)
- 정근수당 가산금(5년 이상 근무한 공무원들에게 정근수당
  이외에 추가로 더 주는 돈으로 이 또한 근무한 햇수에 따라
  다르다) : 10년 미만 근무자(50,000원), 15년 미만(60,000원),
  20년 미만(80,000원), 25년 미만(110,000원), 25년 이상
  근무한 자(130,000원)

■ 성과상여금 : 근무성적이나 실적이 우수한 자에게 주는 수당
- 지급 시기 : 연 1회
- 대상자 : 과장이 아닌 4급 이하의 공무원으로 일을 잘한 자
  (군무원, 국가정보원직원, 경호공무원은 1급 이하도 가능)
- 지급액 : 성적에 따라 기준 월봉급액의 0%~172.5%에
  해당하는 액수를 지급

〈가계보전수당〉

- ■ 가족수당 : 부양가족이 있는 공무원에게 주는 수당
  - 지급 시기 : 매달
  - 부양가족 수가 4명을 초과하면 안 되지만 자녀의 경우에는 4명을 초과해도 됨.
  - 지급액 : 배우자 40,000원 기타 부양가족 1명당 20,000원 지급(셋째 이후 자녀부터는 월 100,000원씩 추가로 더 지급함)

- ■ 자녀학비보조수당 : 초·중·고 학생을 자녀로 두고 있는 공무원에게 주는 수당
  - 지급 시기 : 3개월(2월, 5월, 8월, 11월)에 한 번씩 지급
  - 지급액 : 공납금 납입고지서에 적힌 학비 전액(수업료, 육성회비, 학생회비, 학교운영지원비)

- ■ 육아휴직수당 : 아이를 키우는 일로 휴직한 공무원에게 주는 수당
  - 지급 시기 : 매달. 단 1년 이내 동안.
  - 지급액 : 월봉급액의 80% 지급한다.(최대 150만원, 최소 70만원)

- ■ 주택수당 : 하사 이상 중령 이하의 군인에게 지급
  - 지급 시기 : 매월
  - 지급액 : 월 8만원

〈특수지근무수당〉

- ■ 특수지근무수당 : 교통이 불편하고 문화·교육 시설이 거의 없는 지역이나 근무환경이 특수한 기관에서 일하는 공무원에게 주는 수당

- 지급 시기 : 매달
- 지급액 : 환경에 따라 특지, 갑지, 을지, 병지 지역으로 구분하여 다르게 지급(특지 : 60,000원, 갑지 : 50,000원, 을지 : 40,000원, 병지 : 30,000원)

〈특수근무수당〉

- **위험근무수당** : 위험한 일을 하는 공무원에게 주는 수당
  - 지급 시기 : 매달
  - 지급액 : 위험 정도에 따라 갑종, 을종, 병종으로 나누어 지급(갑종 : 60,000원, 을종 : 50,000원, 병종 : 40,000원)

- **특수업무수당** : 특수한 일을 하는 공무원에게 주는 수당
  - 지급 시기 : 매달
  - 지급액 : 분야별로 지급하는 액수가 각각 다름.
  - 해당되는 특수 업무 분야 : 기술 분야, 교육 및 연구 분야, 특수 장비 취급 분야, 특수행정 분야, 재외직 분야(외국에 있는 우리나라 공관에 근무하는 공무원)

- **업무대행수당** : 출산휴가나 육아휴직 중인 공무원의 업무를 대행하는 공무원과 시간제근무공무원의 근무시간 외의 업무를 대행하는 공무원에게 주는 수당
  - 지급 시기 : 대행 기간
  - 지급액 : 월 20만원

- **군법무관수당** : 군법무관에게 주는 수당으로 월봉급액의 35% 이내에서 지급

〈초과근무수당〉
- 시간외근무수당 : 근무 시간 외에 근무한 경우에 지급하는 수당
  - 지급 시기 : 초과 근무를 했을 경우만
  - 지급액 : 계급에 따라 정해진 기준 호봉으로 계산하여 지급

- 야간근무수당 : 밤에 근무하는 공무원에게 주는 수당
  - 지급 시기 : 매달
  - 지급액 : 계급에 따라 정해진 기준 호봉에 따라 계산하지만 하루 8시간을 기준.

- 휴일근무수당 : 휴일에 근무하는 공무원에게 주는 수당
  - 지급 시기 : 매달
  - 지급액 : 근무한 휴일 수에 따라 다름

- 관리업무수당 : 4급 이상 또는 이에 상당하는 계급의 공무원에게 주는 수당
  - 지급 시기 : 매달
  - 지급액 : 월봉급액의 9%

  * 4급 이상에 상당하는 다른 공무원의 계급 : 총경 이상의 경찰공무원, 소방정 이상의 소방공무원, 6등급 이상의 외무공무원, 헌법연구관 및 헌법연구관보, 대학 총장을 비롯한 간부 교수, 초중고 학교장.

〈실비변상〉

- 정액급식비 : 매달 14만원 씩 모든 공무원에게 지급

- 명절휴가비
  - 지급 시기 : 설날과 추석날에 지급
  - 지급액 : 월봉급액의 60%

- 연가보상비 : 공무원에게 주어진 휴가를 가지 않고 계속
  일을 했을 경우에 휴가를 보상해주는 비용.
  - 지급 시기 : 연 2회
  - 지급액 : 20일 이내에서 사용하지 않은 휴가일수에 따라
    다름

- 직급보조비 : 계급에 따라 매달 주는 수당
  - 지급 시기 : 매달
  - 지급액 : 계급에 따라 다름.
    1급 및 1급 상당(750,000원), 2급 및 2급 상당(650,000원),
    3급 및 3급 상당(500,000원), 4급 및 4급 상당(400,000원),
    5급 및 5급 상당(250,000원), 6급 및 6급 상당(175,000원),
    7급 및 7급 상당(165,000원), 8·9급 및 8·9급 상당
    (155,000원), 기능 10급 및 일반계약직공무원 10호
    (145,000원)
    * 상당이라 함은 그 계급과 같은 계급의 다른 공무원을 말함

공무원 개인이 매달 받는 월급은 이상에서 말한 호봉에 따른
봉급과 각종 수당을 합친 금액이다. 수당이 지급되는 시기가 다른
경우가 있기 때문에 매달 월급이 똑같지 않다.

퇴직연금

20년 이상 공무원으로 일을 하다가 정년이 되어 퇴직한 자가
사망할 때까지 지속적으로 매달 월급을 받는 것을 퇴직연금
이라고 한다.

만약 퇴직연금을 받을 사람이 급한 사정이 있어 돈이 필요할
경우가 있다면 매달 월급 형태가 아닌 일시 수령으로 퇴직금을
모두 다 받을 수도 있다. 또 퇴직금의 일부는 한꺼번에 받고
나머지는 월급의 형태로 받을 수도 있다.
그러나 일한 햇수가 20년이 되지 않는 사람은 퇴직금을
한꺼번에 수령해야 한다.

- 20년 이상 근무한 자 : 다음 중 하나를 선택할 수 있다.
1. 퇴직연금 : 사망 시까지 월급의 형태로 매달 퇴직금을
   받는다.
2. 퇴직연금일시금 : 퇴직 시에 퇴직금을 한꺼번에 모두 다
   받는다.
3. 퇴직연금공제일시금 : 20년 이상 일한 햇수에 대해서는
   한꺼번에 퇴직금을 받고, 나머지에 대해서는 월급으로
   사망 시까지 받는다.

즉, 30년 공무원으로 일한 경우 20년을 초과한 10년에 대한
퇴직금은 한꺼번에 받고 나머지는 매달 월급으로 받는다. 이
경우에는 매달 받는 연금의 액수가 적어진다. 따라서 10년 치를
모두 받지 않고 5년이나, 7년 치만 받아도 된다. 얼마만큼의
기간을 한꺼번에 받느냐는 것은 20년을 초과한 기간 안에서
본인이 결정할 수 있다.

- 20년 미만 근무한 자 : 퇴직금을 한꺼번에 모두 다 받는다
  (퇴직일시금).

퇴직수당

1년 이상 공무원으로 일한 뒤 퇴직하면 퇴직수당을 별도로
지급한다. 퇴직수당 액수는 공무원으로 일한 햇수에 따라 지급
비율이 다르며 일한 햇수가 많을수록 높은 비율의 퇴직수당을
수령할 수 있다.

- ■ 퇴직수당 계산 공식
  재직한 햇수 × 기준소득월액 × 퇴직수당 비율

- ■ 퇴직수당 비율
  1. 재직기간이 1년 이상 5년 미만인 경우에는 1만분의 650
  2. 재직기간이 5년 이상 10년 미만인 경우에는 1만분의
     2천 275
  3. 재직기간이 10년 이상 15년 미만인 경우에는 1만분의
     2천 925
  4. 재직기간이 15년 이상 20년 미만인 경우에는 1만분의
     3천 250
  5. 재직기간이 20년 이상인 경우에는 1만분의 3천 900

이처럼 공무원으로 근무하다가 퇴직하면 퇴직연금과 퇴직수당
등을 받을 수 있고 그 금액도 적지 않아 편안한 노후 생활을
영위할 수 있다. 퇴직 후 안정적인 노후를 보장받을 수 있다는
점은 공무원이란 직업이 가지고 있는 또 하나의 장점이다.

근무시간 : 오전 9시 ~ 오후 6시, 주 5일 근무제

일반 공무원들의 근무 시간은 오전 9시부터 오후 6시까지다. 그러나 9시부터 시민들이 찾아와 문의를 하거나 신청을 하는 경우도 있기 때문에 보통 9시 이전에 미리 와서 준비를 해 놓아야 한다. 또 오전에 회의가 있는 날에는 회의를 준비하기 위해 일찍 나와야 한다. 따라서 규정되어 있는 출근시간은 오전 9시이지만 통상 이보다 30분 내지는 1시간 일찍 출근을 하고 있다.

퇴근 시간 역시 오후 6시로 규정되어 있지만, 일을 끝낸 뒤 정리를 하거나 끝내지 못한 일을 하는 등 업무를 처리하면 보통 30분에서 2~3시간 늦게 퇴근하기도 한다. 각자 맡은 일에 따라 수시로 밤늦게까지 일을 하게 되는 경우도 있고 비상사태가 생기면 퇴근하지 못하고 계속 사무실에서 대기하기도 한다. 특히

행정 업무는 신속한 대처를 필요로 하기 때문에 비상사태나
급하게 처리해야할 지시가 내려오면 늦은 밤은 물론 휴일에도
나와서 업무를 처리해야 한다.

　예를 들어 홍수나 전염병처럼 위급한 사태를 해결하기
위해서는 퇴근하지 않고, 당번을 정해 돌아가며 근무한다. 물론
이처럼 근무 시간 외에 일을 할 경우 일한 시간만큼 보수를
지급해주며 이를 시간외 수당이라고 한다.

　경찰공무원의 경우에는 일반 공무원들과 달리 특수한 상황이
아니더라도 연일근무를 하는 경우가 많은데, 이들은 퇴근도 없이
밤낮으로 일을 한다. 이들의 건강을 위해 연일 근무를 하고 난
뒤에는 다음 날 하루를 쉬도록 규정하고 있다.

　대체로 점심시간은 12시부터 1시까지인데 각각의 상황에 따라
변경하기도 한다.

　결과적으로 공무원은 1주일에 약 40시간을 일하는 셈이 된다.

＊ 기상직 공무원의 근무 체계는 주로 1년 365일 24시간 계속하여 주·야로 교대
근무

휴가 시에 공무원이 해야
할 일

휴가 중에도 긴급한 연락이
가능하도록 연락체계를 유
지하여야 함.

공무원이 휴가를 떠나기 전
에 자기가 담당하던 일을
소속기관의 장이 정한 다른
사람에게 사전에 인계하여
일의 연속성이 유지되도록
해야 함.

휴가제도

　공무원이 출근하지 않고 일정한 기간 동안 쉬거나 특정한 일을 처리하는 것을 휴가라 하는데 공무원이 누릴 수 있는 휴가는 연가, 병가, 공가, 특별휴가 등 네 종류가 있다.

■ 연가 : 매년 일한 햇수에 따라 일정 기간 동안 공무원들에게 주는 휴가로 근무한 햇수에 따라 휴가일수가 다르다.

공무원 연가 일수							
재직 기간	1개월이상 ~1년 미만	1년 이상 ~2년 미만	2년 이상 ~3년 미만	3년 이상 ~4년 미만	4년 이상 ~5년 미만	5년 이상 ~6년 미만	6년 이상
연가 일수	11일	12일	14일	15일	17일	20일	21일

■ 병가 : 공무원이 질병이나 부상으로 일을 할 수 없을 때 주는 휴가로 1년에 60일을 초과 할 수 없음. 단 공무원 일을 하다 병을 얻거나 부상을 당하였을 경우에는 180일까지 병가를 얻을 수 있다(6일 이상은 진단서 제출).

■ 공가 : 공식적인 일이나 어쩔 수 없는 상황 때문에 출근하지 못할 경우 그 일이나 상황이 끝날 때까지 주는 휴가.

■ 특별휴가 : 결혼, 출산, 사망, 입양 시에 주는 휴가로 각각 일수가 다르다.

사유별 특별휴가 일수						
사유	결혼	출산	입양	사망		
대상자	본인	배우자	본인	배우자, 본인 및 배우자 부모	본인 및 배우자 조부모, 외조부모	자녀와 그 자녀의 배우자
휴가일수	5일	10일	20일	5일	3일	3일

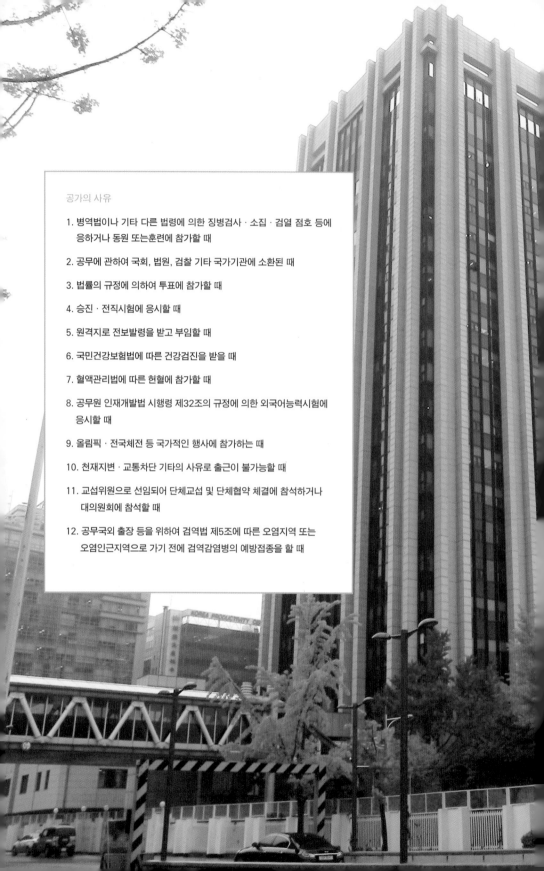

공가의 사유

1. 병역법이나 기타 다른 법령에 의한 징병검사 · 소집 · 검열 점호 등에
   응하거나 동원 또는훈련에 참가할 때

2. 공무에 관하여 국회, 법원, 검찰 기타 국가기관에 소환된 때

3. 법률의 규정에 의하여 투표에 참가할 때

4. 승진 · 전직시험에 응시할 때

5. 원격지로 전보발령을 받고 부임할 때

6. 국민건강보험법에 따른 건강검진을 받을 때

7. 혈액관리법에 따른 헌혈에 참가할 때

8. 공무원 인재개발법 시행령 제32조의 규정에 의한 외국어능력시험에
   응시할 때

9. 올림픽 · 전국체전 등 국가적인 행사에 참가하는 때

10. 천재지변 · 교통차단 기타의 사유로 출근이 불가능할 때

11. 교섭위원으로 선임되어 단체교섭 및 단체협약 체결에 참석하거나
    대의원회에 참석할 때

12. 공무국외 출장 등을 위하여 검역법 제5조에 따른 오염지역 또는
    오염인근지역으로 가기 전에 검역감염병의 예방접종을 할 때

휴직제도

공무원이 신체적 장애나, 천재지변 또는 해외 유학 등 여러 가지 사유 때문에 당분간 일을 할 수 없을 경우 휴직을 할 수 있다. 이 휴직 기간 동안에는 공무원 신분은 유지되지만 일은 할 수는 없다.

이러한 휴직에는 두 가지 종류가 있는데 하나는 본인이 원하지 않아도 사유가 발생해 휴직해야 하는 경우이고 또 하나는 본인이 원하여 휴직하는 경우이다.

앞의 경우를 직권휴직이라 하고 뒤의 경우를 청원휴직이라고 한다.

■ 직권휴직의 사유와 휴직 기간
다음의 사유가 발생하면 임용권자는 당연히 휴직을 명령해야 함.

1. 신체정신상의 장애로 장기요양을 필요로 할 때 : 1년 이내
2. 「병역법」에 의해 병역복무를 필하기 위하여 징집 또는 소집되었을 때 : 복무를 마칠 때까지
3. 천재지변 또는 전쟁이나 기타의 사유로 인하여 죽었는지 살았는지, 또는 어디에 있는지를 모를 경우 : 3개월
4. 기타 법률의 규정에 의한 의무를 수행하기 위하여 직무를 이탈하게 되었을 때 : 의무를 마칠 때까지
5. 공무원의 노동조합 설립 및 운영 등에 관한 법률 제27조의 규정에 따라 노동조합 전임자(노동조합의 일을 전적으로 맡아서 하는 사람)로 종사하게 된 때 : 전임자로 일하는 동안

■ 청원휴직 사유와 기간
다음의 사유가 발생하면 본인이 원할 경우 휴직을 신청할 수 있다. 그러나 본인이 원한다고 하여 당연히 휴직할 수 있는 것이 아니고 상황에 따라서는 휴직할 수 없을 수도 있다.

그러나 육아 및 출산휴가는 특별한 사정이 없는 한 휴직을

시켜주어야 한다.

1. 국제기구, 외국기관, 국내외의 대학·연구기관, 다른
   국가기관 또는 대통령령이 정하는 민간기업 및 그 밖의
   기관에 임시로 채용될 때 : 기구나 기관에 채용된 기간 동안.
   단, 민간기업에 채용되었을 때에는 2년 이내

2. 해외유학을 하게 된 때 : 3년 이내. 부득이한 경우 2년
   이내에서 연장 가능

3. 중앙인사관장기관의 장이 지정한 연구기관이나 교육기관
   등에서 연수하게 된 때 : 2년 이내

4. 만 8세 이하의 자녀를 양육하기 위하여 필요하거나,
   여성공무원이 임신 또는 출산하게 된 때 : 3년 이내

5. 사고 또는 질병 등으로 장기간의 요양을 요하는 부모,
   배우자, 자녀 또는 배우자의 부모의 간호를 위하여 필요한 때
   : 1년 이내. 단 재직 기간 중 총 3년을 초과 하지는 못함.

6. 외국에서 근무·유학 또는 연수하게 되는 배우자를 동반하게
   된 때 : 3년 이내. 부득이한 경우 2년 이내에서 연장 가능

7. 직무와 관련된 연구과제를 수행하거나 자기개발을 위해
   학습·연구 등을 하게 된 때 : 1년 이내

   * 특수경력직 공무원의 경우에는 휴직제도가 일반적으로 없다고 생각하면
   된다. 단, 병역의무를 수행하거나 임신, 출산의 경우에는 예외적으로 적용된다.

모든 공무원은 휴직기간이 만료되거나 휴직 사유가 사라졌을
때 30일 이내에 복귀신고를 하여야 한다.

승진제도

〈승진소요최저연수 근무〉

승진이라는 것은 계급이 올라가는 것을 말하며 월급이 올라가는 승급과는 또 다르다. 앞서 말했듯 공무원 사회는 계급 사회이며 계급이 올라간다는 것은 그만큼 더 많은 권한과 책임이 주어진다는 것을 의미한다. 공무원에게 권한이 많아진다는 것은 곧 자신의 생각대로 일을 할 수 있는 힘을 더 많이 가진다는 것을 의미한다. 즉, 계급이 높을수록 어떤 일에 대한 결정권을 더 많이 가지게 되는 직책을 맡는다.

예를 들면 계급이 올라감에 따라 주임에서 팀장으로, 과장으로, 국장으로 직위가 높아져 중요한 일에 대해 판단하고 결정을 내리며 부하 직원들을 지휘하여 일을 추진하게 되는 것이다. 따라서 공무원 사회에 있어서 승진은 월급이 올라가는 것보다 훨씬 더 중요한 일이며 공무원들은 승진을 위하여 누구나 열심히 노력한다.

그러나 승진하고 싶다고 누구나 모두 승진하는 것은 아니다. 승진도 치열한 경쟁을 거쳐야 하는 것이다. 이 경쟁에 떨어지게 되면 아무리 오래 일을 하더라도 직위가 올라가지 않는다. 그러한 경우 공무원들은 대체로 자포자기하고 생활한다.

그럼으로 만약 공무원을 하기로 마음먹었다면 열심히 노력해 능력과 경력을 많이 쌓아 남들보다 빨리 승진하는 것이 바람직하다.

승진은 승진심사위원회에서 그 사람의 근무성적이나 경력 및 기타 그가 가지고 있는 능력을 종합적으로 평가해 적용한다. 경우에 따라서는 승진 시험을 보기도 한다. 특히 6급에서 5급으로 승진할 경우에는 승진시험을 보는 경우가 많다.

승진 심사를 받든지 아니면 승진 시험을 치르든지 하려면 먼저 승진에 필요한 최소 기간을 채워야 한다. 말하자면 7급에서 6급으로 승진하기 위해 필요한 최소연수는 보통 3년 이상이기 때문에 7급 공무원을 최소한 3년 이상하여야 6급으로 승진할 수 있는 자격이 비로소 생긴다는 말이다. 물론 자격이 생긴다하여 모두 승진하는 것은 아니다.

이처럼 승진하기 위하여서는 한 계급에 최소한 일정 기간 이상을 근무하여야 하는데 이러한 기본적인 근무연수를 승진소요최저연수라고 한다. 따라서 승진하려면 무엇보다도 승진소요최저연수를 채워야 한다.

이 승진소요최저연수는 공무원 종류에 따라 조금씩 다르지만 사법부 공무원을 제외하면 거의 비슷하다.

■ 입법부 공무원의 경우
  1. 일반직 공무원
    가. 4급 이상 : 3년 이상
    나. 5급 : 4년 이상
    다. 6급 : 3년 6개월 이상
    라. 7급 및 8급 : 2년 이상

마. 9급 : 1년 6개월 이상

바. 연구사 : 5년 이상

2. 기능직 공무원

　가. 기능 6급 : 3년 이상

　나. 기능 7급 및 기능 8급 : 2년 이상

　다. 기능 9급 : 1년 6월 이상

■ 행정부 공무원의 경우

1. 일반직 공무원

　가. 4급 : 3년 이상

　나. 5급 : 4년 이상

　다. 6급 : 3년 6개월 이상

　라. 7급 및 8급 : 2년 이상

　마. 9급 : 1년 6개월 이상

■ 사법부 공무원의 경우

1. 일반직 2급 : 1년 이상

2. 일반직 3급 : 2년 이상

3. 일반직 4급 및 5급 : 4년 이상

4. 일반직 6급 및 기능직 기능 6급 : 3년 이상

5. 일반직 7급, 8급 및 기능직 기능 7급, 8급 :
　2년6월 이상

6. 일반직 9급 및 기능직 기능 9급, 10급 :
　2년 이상

7. 연구사 : 7년 이상

■ 헌법재판소 공무원의 경우

1. 일반직 공무원

　가. 4급 이상 : 3년 이상

　나. 5급 : 4년 이상

　다. 6급 : 3년 6개월 이상

　라. 7급 및 8급 : 2년 이상

　마. 9급 : 1년 6개월 이상

　바. 연구사 : 5년 이상

2. 기능직 공무원

　가. 기능 6급 이상 : 3년 이상

　나. 기능 7급 및 기능 8급 : 2년 이상

　다. 기능 9급 : 1년 6월 이상

■ 선거관리위원회 공무원의 경우

1. 일반직 공무원

　가. 2급 이상 : 2년 이상

　나. 3급 및 4급 : 3년 이상

　다. 5급 : 4년 이상

　라. 6급 : 3년 6개월 이상

　마. 7급 및 8급 : 2년 이상

　바. 9급 : 1년 6개월 이상

■ 우정직 공무원의 경우

　가. 우정 2급 : 4년 이상

　나. 우정 3급 ~ 우정 6급 : 3년 이상

　다. 우정 7급 및 8급 : 2년 이상

　라. 우정9급 : 1년 6개월 이상

〈계급 정원의 부족〉

승진에 있어서 두 번째로 필요한 사항은 승진하려고 하는 계급 정원에 자리가 있어야 한다는 점이다.

공무원은 일하는 기관별로 전체 총 정원이 있고 또 계급별로 계급 정원이 있다. 승진은 높은 계급의 정원이 비워졌을 경우 그 인원을 채우기 위하여 이루어지는데 인원이 부족하지 않으면 승진은 없다고 봐야 한다. 말하자면 6급직의 정원이 50명인 경우 현재 6급 공무원 수가 45명이라면 부족한 5명을 채우기 위하여 7급직 공무원 중에서 승진을 시키는 것이다. 그런데 6급 공무원 수가 50명이라면 정원이 모두 채워졌기 때문에 더 이상 승진은 없게 된다. 따라서 정원이 부족한 경우에는 승진이 빨리 이루어지겠지만 정원이 모두 채워져 있을 경우에는 승진소요최저연수를 지나도 승진을 할 수 없게 된다.

공무원들의 계급 정원이 부족해지는 원인은 주로 정년퇴직을 한다든지 개인 사정에 의하여 퇴직할 경우 생기는데 만일 높은 계급의 공무원들이 나이가 젊어서 정년퇴임을 하지 않을 경우에는 계급 정원이 부족하지 않기 때문에 하위직 공무원들의 승진은 힘들게 된다. 결국 그 사람들이 나이가 들어 퇴직하든지 아니면 더 높은 급수로 승진하여 정원이 부족해질 때까지 기다려야 하는데 그러다 보니 오랜 기간 동안 승진 없이 호봉급수만 올라가는 현상이 생기게 된다. 이를 인사적체 현상이라고 하는데 공무원 사회의 큰 문제 중의 하나이다.

공무원들이 승진하는데 걸리는 기간은 보통 승진소요최저연수보다 긴 것이 일반적이다.

일반직 국가공무원의 경우 승진 속도 비교 (시기에 따라 다를 수도 있음)

■ 9급 → 8급으로 승진
 1. 빠른 직종 : 건축직, 교육행정직, 농업직, 수산직, 화공직, 수로직
 2. 느린 직종 : 소년보호직, 마약수사직, 세무직, 출입국관리직, 관세직
 3. 빠른 부처 : 방위산업청, 중앙인사위원회, 교육부, 농림축산식품부, 해양수산부
 4. 느린 부처 : 법무부, 국세청, 대검찰청, 관세청, 병무청, 중소기업청

■ 8급 → 7급으로 승진
 1. 빠른 직종 : 기계직, 교육행정직, 축산직, 수로직, 지적직, 측지직, 전산직
 2. 느린 직종 : 철도공안직, 세무직, 보건직, 교정직, 간호직, 출입국관리직
 3. 빠른 부처 : 방위산업청, 국가청소년 위원회, 국방부, 노동부, 대통령비서실
 4. 느린 부처 : 국세청, 법무부, 정보통신부, 보건복지부, 경찰청, 국가보훈처

■ 7급 → 6급으로 승진
  1. 빠른 직종 : 원자력직, 조선직, 항공직,
     전자직, 약무직, 금속직, 섬유직
  2. 느린 직종 : 간호직, 의료기술직,
     소년보호직, 사서직, 출입국관리직,
     관세직
  3. 빠른 부처 : 방위산업청, 국무조정실,
     과학기술부, 산업자원부, 법제처
  4. 느린 부처 : 관세청, 해양경찰청, 경찰청,
     국세청, 통계청, 교육부

■ 6급 → 5급으로 승진
  1. 빠른 직종 : 도시계획직, 관세직,
     사회복지직, 원자력직, 보호관찰직, 감사직
  2. 느린 직종 : 기계직, 의료기술직,
     교육행정직, 자원직, 전기직, 식물검역직
  3. 빠른 부처 : 민주평화통일자문회의,
     대통령비서실, 비상기획위원회, 국무조정실
  4. 느린 부처 : 해양경찰청, 교육부, 노동부,
     국세청, 정보통신부

이러한 승진 속도는 앞에서 말한 것처럼 계급
정원이 있어야 하기 때문에 퇴직 공무원의 수에
따라서 매년 변화한다. 퇴직자 수가 많은
경우에는 비교적 승진이 빠르지만 반대로
퇴직자가 없을 경우에는 승진이 어려워지게
된다.

〈승진 시험과 승진 심사〉

승진소요최저연수 이상의 기간 동안 근무를
하고 또 자기보다 한 단계 높은 계급의 정원이
모자랄 경우에 승진의 기회가 왔다고 할 수
있다. 그러나 승진의 기회가 왔다고 승진 후보
자격이 있는 모든 사람이 승진할 수 있는 것은
아니다.

일단 기본적인 자격을 갖춘 승진 후보자들은
승진을 위하여 승진 시험을 치르든지 아니면
승진심사위원회의 심사를 거쳐야 승진할 수
있다.

승진 시험은 주로 6급에서 5급으로 승진할 때
치르는데 경우에 따라서는 승진 시험 없이 승진
심사만으로 승진시키는 경우가 있고, 일부는
승진 시험을 그리고 일부는 승진 심사를 통해
승진시키기도 한다. 일반적으로는 주로
승진심사를 통하여 승진시킨다.

1. 승진 방법
■ 6급에서 5급으로의 승진 : 승진 시험, 승진
  심사, 승진 시험과 승진 심사 병행 등 3가지
  방법 중에서 기관별로 하나를 택하여 실시

■ 기타 직급으로의 승진 : 승진 심사

2. 승진 시험
■ 대상 : 6급에서 5급으로 승진할 후보자

■ 종류 : 일반승진시험, 공개경쟁승진시험
 - 일반승진시험 : 승진후보자 중에서 경력, 근무성적, 교육
   등을 고려하여 점수가 높은 순으로 일정한 수의 후보자만
   시험을 보게 하여 그 중에서 시험성적 순으로 필요한
   인원만큼 승진시킴.
 - 공개경쟁승진시험 : 승진소요최저연수를 채운 모든 6급
   공무원이 응시할 수 있음. 응시자 전체 중에서 시험성적
   순으로 필요한 인원만큼 승진시킴. 단, 승진임용이
   제한되거나 응시자격이 정지된 6급 공무원은 제외

■ 시험 방법
 - 일반승진시험 : 1차와 2차로 구분, 선택형 또는 논문형 시험
 • 제1차 : 과목 점수 4할 이상, 전 과목 평균 6할 이상 득점자
   전원 합격
 • 제2차 : 과목 4할 이상 득점자 중에서 시험성적 70%와
   승진 서류 심사 성적 30%을 합쳐 높은 점수 순으로 필요한
   인원만큼 합격시킴.
 - 공개경쟁승진시험 : 1차, 2차, 3차로 구분 실시
 • 제1차(선택형) : 과목 점수 4할 이상, 전 과목 평균 6할 이상
   득점자 중에서 성적순으로 필요한 인원의 5배수를 뽑음.
 • 제2차(논문형) : 과목 점수 4할 이상 득점자 중에서 전체
   점수가 높은 순으로 필요한 인원만큼 합격시킴.
 • 제3차(면접) : 특정의 경우에 불합격만 시킴.

■ 시험 과목 : 시험 과목은 직종에 따라서 다름.
 공무원임용시험령 별표 1 참조

* 과목 점수 4할이라 함은 과목당 배정 점수의 40%를 말하는 것으로 100점
만점일 경우에는 40점이 되고 200점 만점인 경우에는 80점이 된다.

3. 승진 심사
- 심사 내용 : 근무 성적, 경력 등
- 심사 방법 : 승진 인원수의 일정 배수를 후보자로 뽑아
  심사하여 점수가 높은 순으로 승진시킴.
- 후보자 수 선발 : 승진후보자명부 순위로 승진 예정
  인원수에 따라 일정 배수를 선발함.

4. 근속 승진
승진소요최저연수 이상 동안 근무하였으나 여러 가지 사유로
말미암아 승진하지 못한 7급 이하 공무원의 경우에 다음 기간
이상 동안 근무한 경우 일정한 인원 비율 내에서 심사를 거쳐
승진을 시킴

- 7급 : 12년 이상
- 8급 : 7년 6개월 이상
- 9급 : 6년 이상

5. 특별 승진
일을 뛰어나게 잘하거나 상을 받은 모범 공무원이면서
승진소요최저연수를 채운 경우 승진후보자명부의 순위와
상관없이 승진심사를 거쳐 바로 상위직급으로 승진시킬 수
있으며, 또는 일반승진시험에 우선 응시하게 할 수 있다.

경찰공무원의 경우

1. 순경을 경장으로 근속승진임용하려는 경우 : 해당 계급에서 5년 이상 근속자

2. 경장을 경사로 근속승진임용하려는 경우 : 해당 계급에서 6년 이상 근속자

3. 경사를 경위로 근속승진임용하려는 경우 : 해당 계급에서 7년 6개월 이상 근속자

4. 경위를 경감으로 근속승진임용하려는 경우 : 해당 계급에서 12년 이상 근속자

※ 소방공무원의 경우도 경찰공무원과 거의 같음

징계와 소청제도

〈징계〉

공무원이 잘못을 저질렀을 때 공무원 조직 내에서 처벌하는 것을 징계라 한다. 이는 형사상의 처벌이나 민사상의 배상 문제와는 별도로 이루어진다.

예를 들면 형법상의 범죄를 지어 징역형을 받았다면 이로써 모든 죄가 없어지는 것이 아니고, 이와는 별개로 공무원의 신분에 대한 파면이라는 징계가 또 다시 내려질 수 있다.

이러한 징계는 공무원들이 좀 더 열심히 일을 하고 그릇된 행동을 하지 못하도록 미연에 방지하는데 그 의의가 있다. 즉, 의무를 위반한 공무원을 처벌해 행동을 바로 잡고, 일반 공무원들에 경계심을 줌으로써 전체 공무원들이 잘못된 행동을 하지 않고 성실하게 일할 수 있도록 사전에 예방하는 것이다.

1. 공무원의 징계 사유
- 국가공무원법에 의한 명령을 위반 (국가공무원의 경우)하였을 때나 지방공무원법에 의한 명령이나 지방자치단체의 조례 또는 규칙을 위반(지방공무원의 경우) 하였을 때
- 공무원의 의무를 위반하거나 직무를 태만히 한 때
- 공무원으로서의 체면 또는 위신을 손상하는 행위를 한 때

2. 징계의 종류
- 파면

공무원을 더 이상하지 못하도록 강제로 퇴직시키는 가장 엄한 징계이다. 공무원이 파면을 당하면 이후 5년간 공무원을 다시 할 수 없으며 퇴직 시에 받는 연금의 50%(5년 이상 재직 경우)와 퇴직수당의 50%가 줄어든다.

- 해임

더 이상 공무원을 하지 못하는 것은 파면과 같으며, 금품 및 향응수수, 공금의 횡령·유용으로 징계 해임된 때에는 퇴직연금의 25% (5년 이상 재직 경우)와 퇴직수당의 25%가 줄어드는 것이 파면보다 가볍다. 해임 시에는 3년간 공무원을 할 수 없다.

- 강등

강등은 1계급 아래로 직급을 내리고 (고위공무원단에 속하는 공무원은 3급으로 임용하고, 연구관 및 지도관은 연구사 및 지도사로 한다) 공무원 신분은 보유하나 3개월간 직무에 종사하지 못하며 그 기간 중 보수의 3분의 2를 감한다.

- 정직

공무원이지만 1달~3달 동안 일을 할 수 없고 월급의 2/3를 받지 못한다. 그리고 1년 6개월 동안 승진 할 수 없다.

■ 감봉
공무원으로 일은 하지만 1달~3달 동안
월급의 1/3을 받지 못한다. 그리고 1년 동안
승진할 수 없다.

■ 견책
지은 잘못에 대하여 훈계하고 반성하게 한다.
그러나 6개월 동안 승진 할 수 없다.
* 공무원이 징계처분을 받은 뒤 훈장·포장·모범공무원
포상·국무총리이상의 표창 또는 제안의 채택시행으로
포상을 받은 경우에는 승진임용 제한기간의 2분의 1을
단축할 수 있다.

〈소청제도〉
　　공무원이 부당하거나 억울하게 징계 처벌을
받았을 경우에 이에 대하여 관할 소청위원회에
다시 심사하여 처벌을 취소하거나 보다 가볍게
해주도록 요청하는 제도를 소청이라고 한다.
　　소청에 의해 일이 해결되지 않을 경우에는
행정소송을 하게 되는 데 행정소송은 법원에서
다룬다. 공무원은 법원에 행정소송을 제기 하기
전에 반드시 소청 심사를 거쳐야 한다.

　1. 소청을 할 수 있는 공무원
　　경력직 공무원(일반직, 특정직, 기능직),
　　특수경력직 공무원은 소청을 할 수 없음.

2. 소청을 청구할 수 있는 기간
■ 징계 처분 사유서를 받은 날로부터 30일
　이내.
■ 처분 사유서를 받지 않은 경우에는 처분이
　있은 것을 안 날로부터 30일 이내.

3. 소청 심사 및 결정
소청위원회는 소청 심사 청구를 받은
날로부터 60일 이내에 소청위원 재적 2/3
이상 출석과 재적위원 과반수의 합의에 의해
결정함. 소청위원회의 결정은 징계 처분을
무효화 할 수 있음. 만일 소청 심사를 청구한
공무원이 소청위원회의 결정에도 불만이
있을 경우에는 행정소송을 제기할 수 있음.

정년과 명예퇴직

〈정년제도〉

공무원이 일정한 나이가 되면 공직에서 물러나게 하는 제도로 공무원의 종류에 따라 퇴직하는 나이를 법으로 각각 정해 놓았다. 이때 법으로 정해진 나이를 정년이라고 한다.

공무원 정년제도는 인사를 통해 공무원 조직의 신진대사에 중요한 역할을 하며 행정의 능률성을 높이는 것은 물론, 공무원들이 정년까지 안정되게 일할 수 있도록 보장해주는 의미도 가지고 있다.

1. 일반직 공무원 정년 나이 : 60세
2. 법관의 정년 나이
   - 대법원장, 대법관 : 70세
   - 판사 : 65세
3. 검사의 정년 나이
   - 검찰총장 : 65세
   - 검사 : 63세
4. 외무공무원 정년 나이
   - 외무공무원 : 60세
   - 정년을 초과하여 근무가 가능한 직위(재외공관장 직위 및 기타) : 64세
5. 경찰공무원 정년 나이 : 60세
6. 경찰공무원 계급 정년
   - 치안감 : 4년
   - 경무관 : 6년
   - 총경 : 11년
   - 경정 : 14년

7. 소방공무원 정년 나이 : 60세
8. 소방공무원 계급 정년
   - 소방감, 지방소방감 : 4년
   - 소방준감, 지방소방준감 : 6년
   - 소방정, 지방소방정 : 11년
   - 소방령, 지방소방령 : 14년
9. 교육공무원
   - 유치원, 초등학교, 중학교, 고등학교 교육공무원 : 62세
   - 대학 이상의 교육공무원 : 65세
10. 군무원 정년 나이 : 60세
11. 국가정보원 일반직 직원 및 전문관 정년 나이 : 60세
    - 기능직 공무원 : 57세. 단, 방호직렬은 55세
12. 국가정보원 계급정년
    - 2급 직원 : 5년
    - 3급 직원 : 7년
    - 4급 직원 : 12년
    - 5급 직원 : 18년
13. 경호공무원 정년 나이
    - 5급 이상 : 58세
    - 6급 이하 : 55세
14. 경호공무원 계급 정년
    - 2급 : 4년
    - 3급 : 7년
    - 4급 : 12년
    - 5급 : 16년

〈명예퇴직제도〉

　　공무원으로 20년 이상 일을 한 사람이 정년이 되어 퇴직하기 1년 혹은 그 이전에 스스로 미리 퇴직하는 것을 명예퇴직이라고 한다. 명예퇴직을 할 경우 퇴직연금과 퇴직수당 이외에 별도로 명예퇴직수당을 수령할 수 있다.

　　정년보다 일찍 퇴직하면 그만큼 공무원 조직의 인사 문제나 신진대사 등에 도움이 되기 때문에 이를 장려하기 위하여 명예퇴직수당을 지급한다.

■ 조기퇴직수당 및 자진퇴직수당

　1. 대상자

　• 조기퇴직수당

　　경력직 공무원으로 1년 이상 20년 미만 일한 자로서 조직이 바뀌거나 예산이 부족하여 일하던 부서가 없어지든지 혹은 공무원 정원수가 줄어들 경우 1년 이내에 자진하여 퇴직하는 자에게 지급하는 수당.

　• 자진퇴직수당

　　별정직 공무원(비서관 및 비서는 제외) 및 고용직 공무원으로 1년 이상 일 한 자로서 조직이 바뀌거나 예산이 부족하여 일하던 부서가 없어지든지 혹은 공무원 정원수가 줄어들 경우 1년 이내에 자진하여 퇴직하는 자에게 지급하는 수당.

　2. 지급액

　• 조퇴직당시 월봉급액의 6개월 분에 상당하는 금액. 단, 정년 또는 근무상한 연령까지 남은 기간이 6개월 미만인 경우에는 그 남은 개월 수에 해당하는 금액.

계급 정년

한 계급에 최대한 머물 수 있는 햇수. 계급 정년 기간 안에 승진 못하면 일반 정년 나이와 상관없이 퇴직해야 힘.

Part Three

Who & What II

행정부 공무원

다음은 행정부 산하 각 기관에서 일하는 공무원들의 일반적 업무에 대하여 설명한 것이다. 그러나 구체적인 업무의 내용은 같은 직의 공무원이라도 기관 내에서 맡은 직책에 따라 다른 경우가 많기 때문에 자세하게 설명하는 것은 어렵다.

즉, 어떤 직장에 배치되어 어떤 직무를 담당하느냐에 따라 하는 일이 달라진다는 의미다. 물론 자신의 직종 분야에 따라 고유하고 전문적인 일이 있지만 항상 정해진 일만 할 수는 없다.

예를 들면 같은 교육행정직 공무원이라도 어떤 사람은 예산 결산이나 지방교육재정계획과 같은 분야의 일을 하는가 하면 어떤 사람은 전문계 고등학교 학과 개편이나 시설 확보 계획을 세우는 등의 일을 한다. 같은 출입국관리직 공무원이라도 어떤

사람은 비행기 탑승 승객에 대한 정보를 분석하고 어떤 사람은
출입국 심사를 하거나 물품 및 국가 재산 관리 업무를 하기도
한다.

　이처럼 구체적인 업무의 내용은 사람마다 다를 수가 있기
때문에 이를 모두 설명할 수는 없고 대신 다른 직종 분야와
구별되는 일의 특성에 대하여 주요 직종 별로 간단하게
설명하고자 한다.

교정 분야

교정 분야의 공무원들은 주로 죄를 지은 사람들을 대상으로 하여 그들을 교도소나 구치소 등에 수감하고, 교육을 통해 사회에 잘 적응 할 수 있도록 교화하여 다시는 범죄를 저지르지 않고 살아갈 수 있도록 하는 법무부 소속의 국가공무원들이다.

이들은 주로 법무부 교정본부, 중간 관리기관인 지방교정청 및 실제 죄인들의 교정을 담당하는 일선기관인 교도소와 구치소 등에 근무하며 하는 일에 따라 다음과 같이 나누어진다. (단일 직렬로 통합되었으나 하는 업무는 나뉘어 시행한다.)

1. 교정직

교도소나 구치소에서 제복을 입고 근무하는 교도관이며 교정분야 공무원 중에서 그 인원수가 가장 많다. 이들은 주로 죄인들을 교도소나 구치소 등에 수용하여 관리하는 일을 하며 수용 시설 내부의 질서를 유지하고, 이들에게 작업과 직업 훈련을 시킨다. 그리고 죄인들을 법정으로 호송하는 일과 죄인들의 면회 업무를 비롯한 처우와 수용시설 내부에서의 생활과 관련된 여러 가지 일도 처리한다. 또한, 이처럼 수용자들과 직접적으로 관계있는 일 뿐만 아니라 시설을 보호하고 운영하는 일, 교정직 공무원에 대한 교육 훈련 및 그들의 복지 문제에 관한 일도 한다.

2. 교화직

수용시설 안에서 사복을 입고 근무하면서 주로 수용자들의 교정 및 교화 업무를 맡아 교육과 생활지도를 통하여 그들의 원만한 사회 복귀를 돕는 일을 한다.

- 학과 교육, 정신 교육
- 종교 지도, 수용자 상담, 고충처리, 생활 지도, 서신검열
- 사회 견학, 휴가, 석방자 보호
- 취업 알선

3. 분류직

교화직 공무원과 마찬가지로 사복을 입고 근무하는 데 이들은 수용시설에 수감된 죄인들의 사회 복귀에 필요한 개인별 특성과 자료를 조사 분석하여 각각의 수감자들에게 맞는 교화 교육을 실시하도록 하는 것은 물론 각자의 상황에 따른 처우를 함으로써 효율적인 교정 업무가 이루어지도록 한다.

- 수용자의 자질 검사 및 분류 심사
- 교정심리검사, 작업 적성 판정
- 가석방 대상자 선정 등의 업무

교도소의 업무

1. 총무과
- 인사 · 관인 및 관인대장의 관리
- 문서의 접수 · 발송 · 편찬 및 보존과 통계
- 보고 · 수용 · 석방 · 영치 · 차입 · 예산 · 결산 및 금전의 출납
- 기타 소내 다른 과의 주관에 속하지 아니하는 사항

2. 보안관리과
- 직원의 훈련 · 점검 및 규율
- 수용자의 구금 및 계호(천안개방교도소의 경우에는 지도)
- 수용자의 상벌 · 출정 · 접견 · 무기 및 경비

3. 분류심사과
- 수용자의 자질검사
- 처우의 분류
- 교육 및 작업의 적성판정
- 누진처우 및 가석방

4. 작업훈련과
- 교도작업특별회계의 재산 및 물품수급과 작업계획 · 경영 · 관리
- 수용자의 직업훈련
- 작업상여금의 계산
- 작업통계

5. 교육교화과
- 수용자의 교육 · 교화 · 생활지도 및 서신
- 귀휴와 석방자 보호

6. 복지지원과
- 물품의 출납 · 용도 · 건축 및 영선
- 국유재산의 관리
- 수용자에 대한 급여

7. 보건의료과
- 소내의 위생
- 수용자의 보건 · 의료 및 약품조제

구치소의 업무

교도소의 총무과, 보안관리과, 교육교화과, 복지지원과 및 보건의료과의 업무외에 다음과 같은 업무가 있음.

1. 출정사무과
   - 수용자의 출정통지
   - 출정계호

2. 수용기록과
   - 수용자의 수용 및 석방
   - 신분장관리
   - 구속기간 및 형기계산
   - 수용자의 소송업무
   - 수용자의 이송 및 수용통계
   - 교도작업의 운영(구치소에 한한다)

3. 민원사무과
   - 수용자의 접견 및 영치금품의 검사
   - 영치금품의 보관 및 출납
   - 자변금품

※ 어느 과에 배치되느냐에 따라 구체적으로 해야 할 일이 결정된다.

보호 분야

법무부 범죄예방정책국 및 산하의 보호관찰소, 치료감호소,
소년원, 소년분류심사원, 청소년비행예방센터 등에서 근무하며
주로 보호관찰을 통하여 범죄를 사전에 예방하거나
법원으로부터 보호처분을 받은 비행청소년들을 수용 보호하고
그들에게 적절한 교육을 시켜 사회에 잘 적응하도록 하는 업무를
수행한다.

이전에는 소년 보호 분야와 보호 관찰 분야로 나누어져
있었는데 지금은 보호 분야 하나로 통합되었다. 하지만 하는 일은
이전과 크게 다르지 않다.

- 치료감호소·소년원·소년분류심사원·보호관찰심사위원회·
  보호관찰(지)소의 시설 및 장비에 관한 사항
- 치료감호심의위원회의 심사결정을 위한 조사 등 그 운영 및
  결정의 집행에 관한 사항
- 청소년 비행 관련 정책개발, 대책수립·시행 및 청소년
  민간단체 활동 지원
- 소년보호행정에 관한 종합계획의 수립 및 시행
- 소년보호행정 관련 법령의 입안 및 제도에 관한 조사·연구
- 소년원·소년분류심사원 소속 공무원의 교육훈련 및 복무
  감독
- 소년원의 초·중·고등학교 특성화 교육과정 운영 및 학사
  관리·직업능력개발훈련에 관한 사항
- 보호소년 등의 생활지도·특별활동 및 교육행사에 관한 사항
- 보호소년 등의 분류심사·상담조사 등 청소년 비행진단 및
  예방에 관한 사항
- 보호소년 등의 수용·감호·이송·퇴원·취업알선·사후 지도,
  그 밖의 처우에 관한 사항
- 보호소년 등을 위한 지도위원 위촉 및 활동 지원에 관한
  사항

소년원과 소년분류심사원

1. 소년원
법원소년부에서 보호처분
을 받은 12세 이상 20세
미만의 소년을 수용. 규율
있는 생활 속에서 특성화교
육 · 직업능력개발훈련 ·
인성교육 · 특별활동 등을
통하여 전인적인 성장과 발
달을 도모하고 지식정보사
회에 적합한 인재를 양성하
는 기관.

2. 소년분류심사원
법원 소년부로부터 위탁된
소년을 수용, 보호하고 비
행의 원인과 자질을 규명하
여 법원의 조사 심리자료를
제공하는 한편, 소년원 및
보호관찰소, 보호자 등에
게 처우에 대한 기준을 제
시하는 기관.

- 보호소년 등의 수용 통계 및 교육자료 발간에 관한 사항
- 보호관찰과 보호관찰 관련 지침 제·개정
- 보호관찰 관련 프로그램 및 기획사업 추진
- 사회봉사 집행에 관한 전반적 사항
- 사회봉사명령 관련 집행준칙 등 관련 지침 제·개정
- 사회봉사명령 협력기관 불시 점검
- 사회봉사명령 집행분석 사례집 및 협력기관용 매뉴얼 제작
- 수강명령 집행에 관한 전반적 사항
- 수강명령 집행준칙 등 관련지침 제·개정
- 판결전조사 매뉴얼작성 및 직원직무교육
- 상/하반기 범죄예방위원 보호관찰전문화교육 실시
- 갱생보호제도 기획
- 갱생보호사업 지도·감독
- 보호관찰, 갱생보호 관련 민원 처리

수강명령과 판결전조사

1. 수강명령
약물중독이나 가정폭력과 같은 범죄를 저지르는 습관 중독성 범죄자에게 교도소에 구금하는 대신에 자유로운 사회생활을 허락하면서 보호관찰소 또는 보호관찰소가 지정한 기관에서 일정 시간의 강의와 심리치료와 같은 교육을 받게 하는 제도.

2. 판결전조사
법원의 요구에 따라 재판 판결 전에 보호관찰관이 피고인의 환경과 범죄원인 등에 대한 제반 사항을 조사하여 통보하는 제도.

　검찰사무직 공무원은 범죄사건의 접수 및 처리에 관한 일을
하며 검사가 하는 범죄 수사나 공소 제기 유지 등의 일을
보조하는 공무원으로 주로 법무부나 검찰청에서 주로 근무한다.

*공소 : 검사가 형사사건에 대해 법원에 재판을 요구하는 신청.

- 검사의 명을 받아 특정 사건에 대해 수사를 하며 필요한
  정보와 자료를 조사·분석하는 일
- 특정 사건에 대한 검사의 수사를 보조하는 일
- 고소·고발·진정사건에 관한 수사 및 수사 보조
- 형사 사건에 관한 기록 업무와 관련 문서 보존에 관한 사무
- 형사사건에 관한 범죄 정보의 수집·분석·관리에 관한 일
- 국가와 관계있는 소송이나 행정소송에 관한 검사의
  소송업무를 보조하고 문서를 작성하며 이를 보관하는 일
- 형사보상금 및 범죄 피해 구조금 지급에 관한 일
- 소송과 관련한 서류를 작성하고 이를 보존하는 일
- 재산형 이외의 형의 집행 등에 관하여 검사를 보조하는 일
- 사건의 접수 및 처리, 수사 지휘, 진정·내사사건의 처리,
  통계 등에 관한 일
- 영장, 수형 통지 및 수형인 명부, 판결 원본 및 사건 기록의
  보존·관리
- 압수금품의 접수·처리·보관·관리에 관한 일
- 범죄 피해자 상담, 수사 및 재판 결과 통지, 신변보호 등에
  관한 일

마약수사 분야

마약수사직 공무원은 마약과 관련된 범죄를 전문적으로
다루는 공무원이다. 주로 검찰청 마약수사과에 근무한다.
이들 공무원은 마약 범죄에 대한 수사와 정보 수집 및 분석,
그리고 이들을 처벌하기 위한 법률적 조치 등을 담당한다.
이외에도 마약 관련 범죄를 예방하기 위한 활동도 한다.

- 국내에서 마약을 제조, 유통, 판매, 투약하는 등의 범죄
  행위를 단속하고 범인을 검거하여 처벌하는 일
- 외국에서 마약이 우리나라로 들어오는 것을 방지하는 일
- 병원에서 치료용으로 사용하는 마약류(향정신성) 의약품을
  불법으로 유통시키는 행위를 단속하고 범죄자를 검거하여
  처벌하는 일
- 국내외의 마약 범죄와 관련한 정보를 수집하고 분석하는 일
- 국제마약수사기관과 협조하여 정보를 교환하고 수사를
  함께 하는 일
- 마약 관련 범죄자 처벌에 관한 공소 제기 및 유지에 필요한
  증거 자료를 확보하고 재판에 필요한 서류를 작성하며, 마약
  범죄 사건과 관련된 기록이나 판결 자료를 보관하는 일
- 마약 범죄 예방을 위한 홍보 및 교육 활동

　철도공안직 공무원은 국토교통부 산하의 철도공안사무소,
분소, 분실 등에 근무하며 철도 지역이나 열차 안에서 발생하는
범죄로부터 승객의 안전을 보호 하고 철도 장비 및 화물 기타
휴대품의 도난을 방지하는 일을 하는 사법 경찰관이다.

- 철도지역 내에서 특별사법경찰관리의 직무를 수행
- 철도안전법에 규정된 범죄를 예방하고 처리하는 일
- 역구내 및 열차 내에서의 현행범 검거 및 처리
- 철도지역 내에서의 질서 유지와 방범 활동
- 가출인 상담소 설치 운영
- 관할구역 내에서의 대 테러 예방 활동 및 방범 계획 수립
- 범죄사건의 피의자 조사 및 송치 업무
- 특별한 인사들의 열차 운행에 따른 경비 업무
- 중요한 사건 수사 및 다른 수사 기관과의 업무 협조
- 범죄 수사, 조사 및 송치, 수사 계획 수립
- 구속영장 및 즉결심판 청구 업무
- 열차 내에서와 역구내에서의 방범 활동 계획 수립 및 시행
- 열차 내 공안승무원 교대 승차에 관한 일
- 철도 시설물 보호에 관한 일

출입국관리 분야

출입국관리직 공무원은 공항이나 항만 또는 대도시에 위치한 출입국관리사무소에 근무하는 법무부 소속 공무원으로서 우리나라 국민이나 외국인이 우리나라에 들어오고 나가는 출입국 문제와 관련된 여러 가지 업무를 처리한다. 또 외국인의 귀화나 취업 등은 물론 해외에 거주하는 재외동포들의 방문 및 국내 취업문제에 대한 허가 사항도 담당해 처리한다. 더불어 출입국에 관한 법률을 위반한 사람들을 검거하여 처벌하며, 난민과 관련된 일도 이들이 담당하고 있다.

- 증명발급 : 출입국 사실증명, 외국인 등록 사실증명, 국내거소 신고 사실증명, 외국인의 부동산 등기용 등록 증명, 출입국규제여부확인
- 외국인 등록
- 외국인의 체류기간 연장 및 재입국 허가
- 외국인의 체류자격 변경 및 체류자격 외 활동 허가
- 외국인 근무처 추가·변경 등 체류와 관련한 업무
- 재외동포 및 외국 국적 동포 거소 신고와 관련한 일
- 국적 이탈·선택·상실 신고 및 혼인귀화 허가 신청 등 국적의 취득 및 변경과 관련된 일
- 난민과 관련된 여러 가지 업무
- 장기 체류자에 대한 사증발급 인정서 발급

- 선박 등의 입·출항 수속
- 내·외국인 선원 등의 출입국 심사
- 선원의 상륙허가서 발급
- 내외국민에 대한 출입국 심사 및 남북 왕래자의 출입심사에 관한 사항
- 여객선 및 여객기 승무원에 대한 입국 허가 및 상륙 허가
- 불법 체류자 신고 접수 및 단속 활동
- 고용연수외국인 무단이탈 신고 접수
- 특정사증(비자) 및 체류허가 신청에 대한 실태조사 및 체류 외국인 동향 조사
- 출입국 관리와 관련된 법률을 위반한 자에 대한 통고처분·과태료처분·고발·강제퇴거 등의 심사결정
- 외국인 보호소 관리 운영
- 출입국관리법 위반 외국인에 대한 보호 관리 및 강제 출국 준비 등의 일
- 출입국·외국인정책 관련 업무의 혁신 및 홍보에 관한 사항
- 외국인의 출입국·조사 및 보호 등과 관련하여 수집한 정보의 분석
- 여권·사증 등 문서의 위조·변조 감식 및 분석

직업상담 분야

고용노동부 소속의 직업상담직 공무원은 주로 고용노동부 산하의 고용지원센터나 공공직업안정기관 등에 근무하면서 직업을 찾는 사람들을 대상으로 직업 선택, 취업처 결정, 직업 전환 및 교육·훈련, 실업 대처, 퇴직, 각종 보험 등의 문제에 대한 관련 정보를 제공하며 개인 상담이나 단체 상담 활동을 수행한다.

- 노동시장, 직업세계 등과 관련된 직업 정보를 수집·분석
- 직업의 종류, 전망, 취업기획 등에 관한 자료를 수집·분석
- 취업·직업 적응·직업 변경 프로그램 개발 및 운영
- 창업 상담
- 채용 행사 기획 및 추진
- 적성검사를 실시하고 결과를 분석하여 구직자들의 취미, 적성, 성격 등 취업 상 중요한 정보 파악 및 조언
- 직업별로 필요한 취업요건을 파악하여 구직희망자들에게 적합한 직업정보 제공
- 비디오, 슬라이드 등 시청각자료 등을 사용하여 직업 정보를 제공하며 직업윤리 교육을 실시
- 구인처로부터 모집 대상자의 학력, 연령, 성별, 기능과 자격 등의 요구사항과 구인처의 업종, 사업장 소재지, 임금, 근로시간 및 기타 혜택에 대한 근로 조건 등을 파악·정리
- 취업지원 고용보험 적용, 징수 및 피보험자 관리
- 실업급여 지급 및 상담
- 채용장려금이나 고령자, 재고용 등 각종 장려금 지급

우리나라 일반직 공무원 중에서 가장 많은 숫자를 차지하는 행정직 공무원은 중앙 행정부의 거의 모든 기관과 각종 지방자치단체에서 근무하는데, 근무하는 부서에 따라서 일하는 내용도 다르다. 하지만 어떤 부서든 행정사무 관리라는 공통점을 지니고 있다. 즉, 사업 기획, 예산 수립과 집행, 결과 분석 및 기록, 직원의 교육·승진, 직원의 복지 후생 문제 등을 해결하는 업무를 주로 담당한다. 구체적인 업무에 대해선 그 종류가 너무 방대하고 다양해 모두 나열할 수 없으므로 주요 업무 내용만 안내한다.

- 지시된 사업에 대한 집행 계획을 수립하고 결재를 받는 일
- 일반회계 및 특별회계 예산을 편성하고 재정 계획을 수립하는 일
- 직원의 능력 향상을 위한 교육 계획 수립 및 집행
- 직원의 승진과 전보 등과 같은 인사에 관계되는 일
- 직원을 채용하고 훈련시키는 일
- 정책을 세우고 집행하며 결산하는 일
- 재난관리 계획을 세우고 집행하는 일
- 정보화 사업과 관련하여 통신망을 관리하고 유지 보수하는 일
- 직원의 급여 및 후생복지에 관한 일
- 법령에 관한 자료 조사 분석 및 초안 작성
- 민원 업무 : 증명서 발급 및 각종 사업의 인·허가에 관한 일
- 법령 위반 행위에 대한 단속 및 처벌
- 각종 행사 및 회의를 운영하는 일
- 정책 수립에 필요한 자료 조사 및 각종 통계에 관한 일
- 대외 협력 사업 수립 및 추진
- 각종 업무에 대한 법률 지원 및 소송과 관련한 일
- 각종 투자 심사 분석
- 기구·직제·정원 관리와 조직 진단 및 직무 분석 관리
- 국민연금 및 공제회비 관리
- 근무성적 평정 업무
- 직원 복무 관리 및 포상·징계에 관한 일
- 조직 정보 공개 시스템 관리
- 서무 및 물품 관리
- 국회 및 지방의회의원이 요구한 자료 준비
- 전자문서시스템 관리
- 현안 사항 보고서 작성 및 민간 동향 조사 보고
- 정책 공약 사항 추진 계획 수립 및 관리
- 시민이 진정한 민원 사안에 대한 조사 및 처리
- 민원처리 실태 점검
- 공직자 재산 등록 업무
- 복지 사업 및 복지 시설 운영
- 장애인 등록 관리 및 장애인 편의시설 심사
- 저출산, 고령화 및 생활 보장 등 복지서비스에 관한 일

교육행정직 공무원은 교육부, 교육청 및 일반 국공립학교(초등 · 중학 · 고등 · 대학) 등에 근무하면서 교육 활동에 대한 관리 감독, 교육기관의 행정 관리 업무, 학교의 회계업무, 학교의 재산과 물품 등 시설관리, 교직원 급여와 복지 문제 등에 관한 일을 한다.

- 직원 근무 평가 및 직원 인사에 관한 일
- 각종 시험 관리, 복무, 포상업무, 교육 훈련, 명예퇴직, 연금 등에 관한 일
- 호봉 획정, 부담금 관리, 비밀 취급 인가
- 각종 연수·홍보 및 직장협의회와 관련한 업무
- 공무원 국외연수, 국제교류협력, 공무국외여행심사, 외국 교육계인사 방문 기관 섭외 및 지원
- 민원 업무, 교육상담센터 운영, 민원제도 개선, 민원 직인 관리, 증명서 발급
- 전학과 편입학에 관한 일
- 전자문서 생산현황 계획 수립, 처리 및 자료 이관
- 주요 업무 추진 상황 자체 평가 및 교육감 공약 사업 추진 점검
- 교육특별회계 예산 편성 관리, 특별교육재정 수요 및 보정액 관리
- 학교운영비 편성 및 관리
- 조직 관리 및 일상 경비 출납
- 부서 예산 운영 관리 및 물품 관리
- 성과관리 기본계획 및 평가계획 수립, 성과 관리 상황 분석 및 보고
- 지방 교육 행·재정 통합시스템 운영
- 국회·시의회 및 교육위원회 등 의회 협력 업무
- 행정정보화 기본계획 및 중장기 계획 수립 및 관련 제도 개선
- 교육통계 관리
- 교육행정정보시스템 운영 계획 수립 및 추진
- NEIS 활용실태 지도·점검
- 교육기관 연계 연수과정 기획·운영
- 평생교육시설 교무업무시스템 개발 및 운영 지원
- 교무업무시스템 개발 및 운영 지원
- 중입·고입·고졸 검정고시 및 교과서 관련 업무
- 유치원, 학원, 평생교육시설 관련 업무
- 학교 시설 사업 관리 및 안전 점검
- 학교 운영 지원 업무
- 학교급식 기본 운영, 학교급식 예산·결산 업무, 위탁급식 직영 전환 업무
- 학교 환경 개선 사업

세무 분야

세무직 공무원은 국세청 및 그 산하의 지방 세무서에 근무하는 국가공무원과 지방자치단체의 세무부서에서 근무하는 지방공무원으로 나뉘어져 있으나 세법에 따라 세금을 부과하고 징수하는 일은 서로 같다. 다만 취급하는 세금의 종류가 다를 뿐이다.

1. 세무직 국가공무원의 업무 : 국세 취급

- 세입금 관리, 환급금 관리
- 개인사업자 부가가치세 세원 관리
- 종합소득세 세원 관리
- 개인면세사업자 세원관리 및 법인사업자 세원 관리
- 양도소득세, 증여세, 상속세 등의 세원 관리 및 조사
- 개인 및 법인사업자 조사에 관한 업무 지원
- 조세 포탈 혐의자들에 대한 정보 수집 업무
- 자료상 탈세자 색출 업무
- 탈세 제보 접수 관리
- 세무 조사
- 각종 세무상담, 고충 처리, 이의 신청, 조사 관련 상담 업무
- 사업자 등록 신규 및 정정 신청 업무
- 체납액 징수, 공매, 압류, 고액체납자 명단 공개, 출국 규제 업무
- 금융자산 일괄 조회, 신용정보 제공 등 체납 정리 업무
- 징세 업무 관련 프로그램 개발 및 운영
- 법인세 신고 및 세원 관리
- 비영리 공익법인, 감면법인 및 공익법인 관리
- 법인제세 업무 전산화 추진 및 전산시스템 관리 운영
- 주세, 특별소비세, 교통세, 증권거래세, 인지세 및 전화세와 이에 부가되는 교육세, 농어촌특별세 업무의 기획 및 조사 계획의 수립
- 주세법에 의한 면허와 면허업체의 관리, 감독
- 소비제세의 범칙 사건에 대한 조사 계획 수립
- 주세 등 과세물품의 분석, 감정 및 조사
- 원천세 관련 세원관리 및 전산 업무
- 근로, 퇴직, 이자, 배당 소득 관련 업무
- 기타, 사업 소득 및 과세 자료 제출법 관련 업무
- 연말 정산 간소화 업무
- 법인납세자 및 관련인에 대한 분석·관리
- 개인납세자 및 관련 기업에 대한 분석·관리
- 세금 계산서 등 수수질서 분석·관리
- 해외 진출 기업 세정 지원 및 세원 관리
- 국제거래의 중요 탈세유형에 대한 분석·관리
- 외환 전산망 운영, 외환 전산자료 수집 및

처리
- 금융정보분석원 자료 및 국제거래 관련 자료 수집·분석 및 관리
- 전산조사 기획·조정 및 지원 업무
- 전자상거래 및 전산 회계 실태 분석 및 관리 업무
- 소득세 무신고자(과세 미달자)에 대한 소득 파악 업무
- 저소득 근로자(상용, 일용) 소득 파악 업무
- 특수직(농어민포함) 종사자 소득 파악 업무
- 외국인·외국법인 신고 및 세원관리, 외국인투자기업 감면 업무

2. 세무직 지방공무원의 업무 : 지방세 취급

- 토지분 재산세 부과 조정
- 주택 및 건물 재산세 부과 조정
- 개별 주택 가격 산정 및 특성 조사
- 체납자 재산 조사 및 소득원 조사
- 지방세 징수 유예 및 징수 촉탁 업무 처리
- 감사 관련 자료 제출 및 수감
- 직장 조회 및 급여 압류
- 각종 세무상담, 고충 처리, 이의 신청, 조사 관련 상담 업무
- 지방세 체납액 일제 정리 계획 수립·시행
- 고액체납자 명단 공개 대상자 조사 등 업무
- 관외체납자 징수 독려 계획 수립 및 시행

- 읍면동 체납세금 합동 징수팀 구성 및 운영
- 성실납세자 지원에 관한 업무
- 체납 차량 번호판 영치 계획 수립·시행
- 지방세 체납 차량 공매 계획 수립·시행
- 납세편의시책 추진(신용카드, 자동이체 등)
- 인터넷 지로 수납 내역 확인
- 법원 최고서 회신 및 경매 배당금 수령 처리
- 개인회생 채권(지방세) 관리
- 법인 파산 및 회사정리 채권 신고
- 가산금 및 중가산금 조정 처리
- 출국 금지 요청 및 형사 고발 조치
- 제2차 납세 의무자의 지정 관리
- 부동산·예금·채권 압류 및 해제
- 부동산 공매 처분
- 자동차 압류 및 해제
- 지방세 시청계좌 입금액 인출 및 대납 처리
- 결손 처분 및 취소 결정
- 결손 처분 대상자의 재산 및 소득원 조사
- 결손 처분자의 사후 관리
- 탈루, 은닉 세원 발굴 조사
- 지방세 과오납금 환부, 수입증지 관리
- 주민세 신고 납부 및 조사

관세 분야

관세직 공무원은 수출입 상품에 대한 세관 통관 업무를 비롯하여 이들에 대해 관세를 부과하고 징수하며 경우에 따라서는 감면해주는 일과 밀수를 단속하고 관세를 포탈하는 범죄에 대해 조사하는 국가공무원으로 주로 관세청이나 세관에서 일한다.

■ 관세에 관한 이의 신청 및 과세 전 적부심사
■ 통관업의 신고 접수 및 감독
■ 관세 행정 업무에 관한 홍보
■ 수출입 물품과 반송 물품의 세관별 검사 대상 선별 기준의 수립과 그 운영
■ 보세구역의 지정 및 특허와 보세화물의 관리
■ 자유무역지역 및 종합보세구역의 관리
■ 수출입화물의 입항·하역·보관·운송·적재 및 물류 개선에 관한 일
■ 출항적하목록의 관리와 수출물품 선적의 관리
■ 입항적하목록의 관리와 수입보세화물 총량의 관리
■ 선사·항공사·운송업자의 자율적 법규준수도의 측정 및 관리
■ 장치기간 경과 화물·몰수품 및 국고 귀속물품의 관리·공매 예정 가격의 산출 및 매각
■ 외국인투자에 대한 통관 지원

■ 통관에 관한 정보의 수집과 종합 관리
■ 컨테이너 안전 협정의 이행 등에 관한 업무
■ 관리 대상 화물의 선별 및 검사
■ 관리 대상 화물의 선별 관련 정보 수집·분석
■ 수출 신고의 수리
■ 수출물품에 대한 검사 및 감정
■ 수출용품 선적 관리
■ 전략물자에 수출통제
■ 수입 신고의 수리
■ 수입물품에 대한 검사 및 감정
■ 감면 및 분납 결정과 사전세액 심사 대상 물품의 세액 심사
■ 수입 신고 수리전의 세액 관련 업무
■ 이사물품 등 개인화물 통관 업무
■ 납세 신고 건별 사후 세액 심사에 관한 사항
■ 수입물품에 대한 관세 등 조세의 세액 결정 및 징수
■ 담보면제 및 포괄담보의 운영에 관한 사항
■ 여행자 및 승무원 휴대품의 검사, 감정, 관세 등 조세액의 결정과 관련된 업무
■ 관세범 및 무역사범에 대한 수사
■ 원산지표시 위반사범의 단속

사회복지직 공무원은 복지행정 분야의
정책을 집행하고 사업을 관리하는 공무원으로
보건복지가족부나 지방자치단체의
복지부서에서 근무하면서 주로 다음과 같은
일을 한다.

- 자활근로사업 추진 및 관리에 관한 일
- 기초생활보장 정책 추진 및 관리
- 장애인복지시설 운영 및 장애인
  생활안정지원
- 주민생활지원서비스 종합계획수립조정
- 종합사회복지관 및 사회복지법인 등의
  운영 관리
- 재해구호 및 보훈단체 지원, 긴급복지지원
- 지역사회복지협의체 운영 및 복지위원
  관리
- 복지 및 주민생활지원대상자 신규조사 및
  상담, 접수
- 자원봉사센터 관리 및 자원봉사단체 지원
- 무료급식단체 지원, 푸드마켓, 푸드뱅크
  관리
- 동 복지위원 운영 및 관리
- 지역사회복지협의체 운영지원 및 민관
  네트워크 구축
- 이웃돕기 후원, 결연사업
- 복지대상자 신규 조사(자산 및 부양의무자
  조사, 생활실태 및 욕구조사)
- 복지대상자 보장결정 및 급여통지
- 복지수급자 중지 및 보상변경 업무

- 긴급복지지원
- 노인복지시설, 노인요양시설 운영,
  재가노인복지사업 추진
- 장애인복지시설 및 생활시설 운영,
  장애인지역사회재활시설 운영
- 재가장애인 생활안정지원,
  장애인편의시설 설치 운영
- 영세민 전세자금 신청, 접수, 영구임대주택
  입주대상자 선정, 지원
- 자활사업 운영 및 대상자 관리,
  지역자활센터 관리
- 저소득주민 기초생활보장, 의료급여
  자격관리
- 저소득틈새계층 선정 및 지원,
  국민기초생활보장 수급자 관리
- 의료급여대상자 사후관리, 장애인보장구
  지원

통계 분야

통계직 공무원은 주로 통계청에 근무하면서 통계 기준의 설정·표준 분류·통계 조사의 설계 및 인구·산업·물가·국세 등 주요 경제사회 통계조사를 실시하고 이를 분석, 공표하여 국가 정책 운용의 참고가 되게 한다. 이외에도 통계 조사 방법 및 제도에 관한 연구개선 및 통계 기술의 지도와 국내·외 통계 정보 자료 수집 등의 일을 하기도 한다.

- 통계 제도 연구
- 통계 수요 및 이용 실태 조사 및 지원
- 통계 심사 및 통계 조정 업무
- 통계 작성 기관 지원 사업, 국가 통계 조정 및 정비
- 통계 기반 정책 관리
- 품질 관리 세부 시행계획 수립 및 용역, 사업단 구성, 품질 진단, ISO인증 관리
- 품질 관리 시스템 관리
- 국가 통계 품질 진단
- 통계 기준에 관한 업무
- 직업 분류에 관한 일
- 경제 분류, 사회 분류, 질병 사인 분류, 통계 표준 분류, 표준 산업 분류
- 표본관리 업무 : 농수산 표본, 사업체 표본, 가구 표본
- 지역경제 통계 : 지역내 총생산 추계, 지역소득 분배 계정 개발, GRDP 지출 계정 추계 및 분석업무
- 모집단관리 : 사업체 모집단, 산업통계

경제센서스 모집단 관리

- 산업통계 업무 : 사업체 기초 통계 조사, 기업체 통계, 광업·제조업 통계 조사, 건설업 통계 조사, 경제 센서스, 기계 수주 통계 조사, 도소매업 통계 조사, 서비스업 통계조사, 운수업 통계조사, 전문·과학 및 기술 서비스업 통계 조사
- 인구 이동 통계 : 인구동태(출생, 혼인, 이혼), 인구 및 사회통계, 사망원인통계
- 가계 조사 업무 : 사교육비실태조사, 가계자산조사, 가계조사
- 농림수산업 통계 : 농가 판매 및 구입가격 조사, 농어업 생산 통계 가공 분석, 농업 통계, 수산통계 조사, 농산물 생산량 통계
- 국가 통계 통합DB시스템 관리 및 운영지원
- 업무 프로그램 개발 및 관리
- 통계 교육 및 정보화 교육에 관한 일
- 국가통계 포탈시스템 운영

사서 분야

사서직 공무원은 도서관을 운영하거나 도서관 업무에 관한 제도를 조사 연구하고 개선 발전시키며 다양한 자료를 수집하고 분류하여 목록을 작성하는 등의 일을 한다.

사서직 공무원의 근무처는 특별하게 정해져 있지 않으며 국공립 도서관을 비롯하여 다양한 기관에서 근무하며 주로 사서에 관한 일을 한다.

- 국내 도서 및 비도서 수집에 관한 일
- 국외 기증 도서, 비도서 자료 수집 및 도서 구입 의뢰에 관한 일
- 수집 자료 원부 작성에 관한 일
- 도서, 비도서 분류 및 목록 작성에 관한 일
- 각종 서지 발간과 보급에 관한 일
- 소장자료 영구 보존 및 효율적 운영에 관한 일
- 국내·외 주요 주제별 정보원 조사 및 외국 자료 선정에 관한 일
- 각계 각층의 이용자 개발에 관한 일
- 연속간행물 수집 및 활용에 관한 일
- 정부간행물 수집 및 활용에 관한 일
- 사서직 공무원의 교육 훈련 계획 수립·실시 및 평가
- 각종 도서관 및 문고 직원에 대한 연수
- 사서직 공무원 국외훈련에 관한 사항
- 교육훈련성과 분석 및 통계 관리
- 교육코스웨어 개발 및 사이버 교육 운영
- 도서관문화학교 운영에 관한 사항

- 교육장 및 교육기자재의 관리 및 운영
- 도서관 정책홍보
- 도서관 협력망의 기능 수행에 관한 기획·조정 및 지도
- 국내외 도서관간의 협력에 관한 업무
- 국민 독서 진흥 활동 지원 및 육성
- 도서관 업무 정보화 계획의 수립 및 추진에 관한 일
- 도서관 정보화 소프트웨어 개발 및 보급에 관한 일
- 디지털 자료실 관리 및 운영에 관한 일
- 어린이 청소년 도서관 운영프로그램 개설 및 보급에 관한 일
- 자료실별 행사 프로그램 운영에 관한 일
- 어린이 청소년 도서관 장서 관리 및 구성에 관한 일
- 개인문고 운영 및 관리에 관한 일
- 작은도서관 조성 및 운영 활성화 기본계획 수립 및 시행
- 작은도서관 조성 지원에 관한 사항

감사 분야

감사직 공무원은 감사원법이나 기타 법률이 정하는 기관의 회계 검사 및 그 기관의 직원들에 대한 직무 감찰을 주 업무로 하는 감사원 소속의 공무원이다. 감사원은 다음과 같은 일을 한다.

1. 결산의 확인

감사원은 국가의 세입과 세출의 결산을 해마다 검사하여 확인하고 그 결과를 대통령과 다음 연도 국회에 보고한다.

2. 회계 검사

회계검사는 국가, 지방자치단체, 정부 투자 기관 등의 회계를 검사하여 그 집행에 적정을 기하게 하는 것으로 필요적 검사 사항과 선택적 검사 사항으로 구분한다. 필요적 검사 사항은 감사원에서 반드시 검사하여야 하는 사항으로서 국가 및 지방자치단체 등 38,700여 개 기관의 회계 업무가 이에 해당하고 선택적 검사 사항은 감사원이 필요하다고 인정하거나 국무총리의 요구가 있을 때 검사할 수 있는 사항으로서 국고 수납 대리점(금융기관) 등 29,300여 개 기관의 회계 업무가 이에 해당한다.

① 필요적 검사 사항
- 국가의 회계
- 지방자치단체의 회계
- 한국은행의 회계와 국가 또는

지방자치단체가 자본금의 2분의 1 이상을 출자한 법인의 회계
- 다른 법률에 의하여 감사원의 회계 검사를 받도록 규정된 단체 등의 회계

② 선택적 검사 사항
- 국가기관 또는 지방자치단체 외의 자가 국가 또는 지방자치단체를 위하여 취급하는 국가 또는 지방자치단체의 현금·물품 또는 유가증권의 수불
- 국가 또는 지방자치단체가 직접 또는 간접으로 보조금·장려금·조성금 및 출연금 등을 교부하거나 대부금 등 재정원조를 공여한 자 및 그가 그 보조금·장려금·조성금 및 출연금 등을 다시 교부한 자의 회계
- 국가 또는 지방자치단체가 자본금의 일부를 출자한 자의 회계
- 국가 또는 지방자치단체가 채무를 보증한 자의 회계
- 민법 또는 상법 외의 다른 법률에 의하여 설립되고 그 임원의 전부 또는 일부나 대표자가 국가 또는 지방자치단체에 의하여 임명되거나 임명 승인되는 단체 등의 회계

이외에도 다양한 선택적 검사 사항들이 있으나 본 도서에서는 생략한다.

※ 위의 모든 회계 검사에는 수입과 지출,
재산(물품·유가증권·권리 등을 포함)의
취득·보관·관리 및 처분 등의 검사를
포함한다.

3. 직무 감찰

직무감찰은 행정기관 등의 사무와 그 소속
직원의 직무에 관하여 조사하는 것으로
공무원의 비위적발을 위한 비위감찰뿐만
아니라 법령·제도 또는 행정관리상의 모순이나
문제점의 개선 등과 같은 일도 포함한다.

(예외)

- 국회·법원 및 헌법재판소에 소속한
  공무원은 대상에서 제외
- 군사 기밀 또는 작전상 지장이 있는
  사항은 제외

4. 감사 결과의 처리

- 변상책임의 판정
- 징계 또는 문책 등의 요구
- 시정 등의 요구
- 개선 요구
- 권고 및 통보
- 고발 또는 수사요청

감사원

감사원은 헌법 제97조와 감사원법 제20조의 규
정에 따라 국가의 세입·세출의 결산을 검사하
고, 국가기관과 법률이 정한 단체의 회계를 검사
하고 감독하여 그 집행의 효율성을 높이며 행정
기관의 사무와 공무원의 직무를 감찰하여 공정한
행정운영이 이루어지도록 하는 것을 목적으로 하
는 국가기관이다. 감사원이 그 목적을 원활히 달
성할 수 있도록 헌법은 다른 기관의 간섭과 압력
을 받지 않도록 규정하고 있으며, 대통령 소속 기
구로 되어 있으나 직무에 관하여는 독립된 지위를
가지고 있다.

외무 분야

외무공무원이라 하면 곧장 외교관을 떠올려 볼 수 있다. 그러나 외교관은 외무공무원 중의 일부일 뿐 외교관 이외에도 많은 외무공무원들이 여러 분야에서 열심히 업무를 수행하고 있다. 이들은 대외적으로 국가이익을 보호·신장하고, 외국과의 우호·경제·문화관계를 증진하며, 재외국민을 보호·육성함을 그 임무로 한다.

외무공무원을 채용할 경우 외교통상직, 외무영사직, 외교정보기술직 등으로 나누어 뽑지만 외교정보기술직 공무원이 주로 통신 및 전산 분야의 업무를 취급하는 것을 제외하면 등급에 따른 업무 구분은 있어도 외교통상직과 외무영사직 간의 뚜렷한 업무 구분은 없다. 또 일반직 공무원 3급 이상에 해당하는 참사관 이상의 외무공무원에게는 외교통상직이냐 외무영사직이냐 하는 식의 구분 자체가 없다.

- 외신 간담회, 대외신 홍보 및 이해 제고, 외신기자 취재 협조, 외신 인터뷰 및 기고 요청 처리, 외신보도 모니터링 및 대응
- 재외공관 홍보전략회의 및 문화 홍보 업무 점검/평가 등
- 외교부 홈페이지 영문 자료 관리 등
- 문서 및 외무관인 업무
- 파우치 접수 및 발송 관리 업무
- 정책 보고서 작성 및 정책자문기구 운영
- 대 국회 업무 및 외교정책 자료 발간
- Data base, 문서 관리, Homepage 관리
- 중장기 외교정책 개발

- 주요 외교사안 분석 및 입장 검토
- 지역 및 범세계적 이슈 분석, 주요 기고문 및 논평 요약 보고
- 한반도 주변 정세 및 국제 정세 분석, 해외정보 공유망 운용
- 재외근무 수당/배우자 수당, 제2외국어 수당, 특수지 수당, 이전비/국외 여비제도 개선, 특정지역 복무 환경 개선
- 재외공관 경상경비 배정(관서운영비, 업무추진비, 자산 취득비, 여비), 비소모품 관리, 재외공관 공용차량 관리, 정액 지원 경비(차량비/차량보험/생필품/정착지원금), 예산편성(기본사업), 환차익/환차손/전용/예비비 신청
- 임차료, 의료비(보험/실의료비/전지치료), 외교관 신변안전 보험, 특수지 전지 휴가 및 의료 검진
- 정보네트워크 구축 및 운영
- 외교정보 보호 및 보안 업무
- 한·미 안보군사협력 문제
- 주한미군지위협정(SOFA) 운영
- 세계 각 지역국가 및 지역 기구들과의 협력에 관한 일
- 안보리 문제(안보리 선거/안보리 개혁/안보리 일반), 유엔 개혁 문제, 유엔총회 참가 준비, 유엔사무총장 지원, 안보리제재/대테러 위원회에 관한 일
- 유엔평화유지활동(PKO) 등 유엔 활동과 관련된 일

- 군축 비확산 업무 및 대 테러 문제
- 인권문제 및 난민 문제
- 국제 조약 및 협약에 관한 일
- 해외 한국영화 상영 지원(한국영화제 개최), 영화 교류(영화 교류 약정 체결), 청소년 교류(한일대학생 교류, 청소년교류약정 체결), 해외 한국학/한국어 진흥에 관한 일
- 재외국민의 권익 보호 및 권익 증진 : 재외동포재단 지도 감독, 동포 관련 재외공관 보고서 검토 및 지원, 세계 한인의 날, 해외 소재 한인 유산 관련 업무, 해외 이주, 재외동포 포상, 재외국민등록 홈페이지 온라인 등록 시스템화, 재외국민등록, 재외동포 및 단체조직 현황 파악 등의 일
- 대외 통상 문제 및 에너지 문제
- 국제경제협력에 관한 일
- 동북아 환경 문제 협력, 한·중 환경협력공동위원회 운용, 한·중·일 3국 환경장관회의 운영
- 통일 및 남북관계, 동북아 다자안보 문제, 해외 북한이탈 주민 보호 업무, 남북 경협사업, 남북교류협력추진협의회 등에 관한 일

경찰 분야

우리에게 친숙한 경찰공무원은 사실 우리가
아는 것보다 훨씬 많은 일을 하고 있다.

다음은 일선 경찰서에서 경찰공무원들이
하는 주요 업무이다.

■ 직원들의 인사, 후생, 원호, 연금, 의료보험
  등의 일
■ 직원들의 상훈과 의전 행사
■ 직무 교육 및 각종 지시 사항에 관한 일
■ 정보 통신 보안 업무, 통신 경찰에 대한
  인력 관리 및 교육
■ 방범 진단 및 심방에 관한 사항, 범죄
  예방에 관한 연구 및 계획 수립
■ 지구대 점검 및 지도 관리
■ 즉결 심판 청구 업무에 관한 지도 및 조정
■ 유실물, 분실물, 습득물 관리 및 처리
■ 경범 통보 처분 업무
■ 풍속업소 지도 및 단속
■ 총포, 도검류 등 소지 허가 및 화약류 사용,
  운반, 저장, 신고처리
■ 미아, 가출인 수배 업무
■ 청소년 범죄 예방 및 처리
■ 대 여성범죄 분석 및 단속
■ 수사 업무 기획 및 조정, 수사 경찰에 대한
  교육 및 지도 감독, 유치장 관리
■ 범죄 단속 계획 수립
■ 범죄(강력범, 폭력범, 도난범, 마약사범,
  도박사범 등) 수사, 지문 감식
■ 형사사건 관련 확인원 발급

■ 각종 수배자 수배 및 검거
■ 각종 폭력사건 상담 및 고소·고발 사건
  수사 처리
■ 신원조사 업무
■ 정치, 경제, 사회 노정, 학원, 문화, 종교 등
  각종 첩보 수집
■ 간첩, 좌경, 용공, 방첩 색출 업무 처리 및
  불온유인물 수거 분석 처리
■ 옥외 집회 신고 및 처리
■ 보안관찰 처분 대상자 동향파악
■ 외국인 인권보호센터 활동사항 및 관리
■ 첨단산업체·산업보안관련 해외 등
  기술유출 방지 업무
■ 외국계 조직체, 회사 및 외국인 신고망
  관리
■ 외국인 불법체류 및 밀입국 관련 업무
■ 고소, 고발, 교통사고 등 관련 민원인 불편,
  불만사항 상담 및 해소
■ 수사관련 인권보장 및 신장에 관한 사항
■ 경찰관에 대한 진정 및 비리사항 조사처리
■ 경찰기강확립 및 사정업무
■ 교통 소통 및 통제에 관한 일, 교통사범
  단속과 지도
■ 교통사고 조사 및 처리, 교통사고 원인
  분석 및 통계 관리
■ 경비계획 수립 및 시행
■ 비상 소집 실시 및 인력 동원

소방 분야

119로 상징되는 소방공무원은 소방청, 소방본부(or 소방본부, 소방재난본부), 소방서 또는 파출소에 근무하면서 화재를 비롯한 각종 재난과 재해로부터 국민의 재산과 생명을 보호하는 일을 하는 공무원이다. 그동안 국가공무원과 지방공무원으로 구분되었으나 2020년 4월부터 소방공무원은 모두 국가직으로 전환되었다.

- 의무소방원 관리 운영에 관한 사항
- 소방차량 및 장비 유지 관리에 관한 사항
- 유류 보급 및 출급에 관한 사항
- 민방위 업무 및 대테러 운영 계획
- 구조 대책 등 기술의 연구
- 각종 재난현장 지휘 및 인명 구조에 관한 사항
- 긴급 구조 관련 기관 및 단체와의 협력에 관한 사항
- 구조 활동에 관계되는 훈련 및 연습
- 구조 장비 운영 및 개발에 관한 사항
- 구조대 운영 및 대원의 안전 관리 지도
- 구급 업무 기본계획 수립
- 구급 대원 교육훈련에 관한 사항
- 구급 장비 및 기자재 관리 지도
- 의용소방대 운영 및 부녀소방대 운영
- 고지대 주거 밀집 소방안전 대책에 관한 사항
- 산불 예방 진압 대책에 관한 사항
- 세실 내책에 관한 사항

- 소방 통로 확보 및 화재 방어 검토에 관한 사항
- 화재 출동 및 현장 진압 대책에 관한 사항
- 소방 용수 시설의 유지 관리, 고장 보고 및 보수 의뢰
- 통신장비 배정, 유지관리 및 보수에 관한 사항
- 소방사범 및 과태료 처분에 관한 사항
- 화재 원인 및 피해 조사에 관한 사항
- 화재 조사 자료의 수집 분석 통계보고에 관한 사항
- 화재 예방 계획 수립
- 소방 방화 시설 등 완비 증명 발급 업무 및 민원사항
- 소방 시설 공사업, 설계업, 감리업 등 지도 감독 및 면허
- 공사장 용접 등 사전 신고 처리에 관한 사항
- 소방 검사 및 소방 안전에 관한 사항
- 도시가스, 액화석유가스, 고압가스 안전 관리 계획의 수립
- 가스 위험시설물(차량 등) 단속에 관한 사항
- 위험물 제조소 등의 설치허가 및 지도 감독에 관한사항
- 어린이 소방대 운영 및 불조심 계몽
- 소방 홍보 계획의 수립에 관한 사항

　입법부 공무원이라고 하면 국회에서 일하는 공무원을 뜻한다. 이들은 행정부 공무원과 마찬가지로 경력직 특수경력직 공무원으로 구성되어 있다. 단 행정부 공무원에서 볼 수 있는 특정직 공무원은 국회에 없다.

　다음은 입법부의 일반직 공무원 중 행정 계통과 연구 계통의 공무원이 하는 일에 대해 설명하고자 한다.

　행정 계통의 공무원에는 일반행정직 공무원, 법제직 공무원, 재경직 공무원, 속기직 공무원, 경위직 공무원, 사서직 공무원 등이 있으며

연구 계통의 공무원에는 입법조사연구직 공무원과 기록관리연구직 공무원이 있다.

　이들은 모두 국가공무원으로 각각 하는 일이 다르지만 모두 국회 내에서 근무한다.

일반행정직 공무원

국회 일반행정직 공무원은 주로 국회의 모든 기관에 배치되어 근무하며 행정 사무 관리에 관한 일을 처리하는데 보다 자세한 일의 내용은 다음과 같다.

- 기본운영계획의 수립 및 종합·조정
- 각종 업무계획의 지침 수립 및 종합·조정
- 국회예산의 편성·집행의 조정
- 조직 및 정원관리
- 행정제도개선계획의 수립과 그 집행의 지도·감독
- 국회규칙·규정·내규 등의 제정·개정 등에 관한 사항
- 헌법재판 및 행정심판 등 소송사무의 총괄
- 국회소관 법인의 설립 및 감독에 관한 사항
- 국회 입법정보화 추진업무의 기획·조정 및 지원
- 국회의 직장민방위대 및 직장예비군의 편성·운영과 비상대비업무에 관한 사항
- 사정업무에 관한 사항
- 사무처 및 산하단체에 대한 감사
- 진정 및 비위사항의 조사·처리
- 공직자 재산등록에 관한 사항
- 국회공직자윤리위원회의 운영에 관한 사항
- 국민감사청구에 관한 사항
- 문서의 분류·배부 및 수발업무의 지원
- 출입증의 발급·관리
- 공무원의 임용·복무·상벌·연금·의료보험 기타 인사관리에 관한 사항
- 공무원시험계획의 수립 및 집행
- 직원 후생 및 복지에 관한 일
- 기타 사무처 내 다른 실·국·과 및 담당관의 주관에 속하지 아니하는 사항

법제직 공무원

국회사무처 법제실에 근무하며 의회, 행정, 산업, 재정, 사회,
건설 및 환경 등에 관한 국내외의 법률 제도를 조사하고 연구하는
것은 물론, 법률안을 만들고 다듬는 등의 법률 제정에 관련된
일을 주로 한다.

- 국회의원 또는 위원회가 요청한 법률안의 입안 및 검토
- 행정입법에 관한 분석·평가 및 연구
- 국내외의 법제와 그 운용 등에 관한 조사 및 연구
- 국회에서 의결된 법률안의 홍보
- 법률안건 상호간의 충돌 및 중복에 관한 조사·연구 및
  조정에 관한 일
- 기타 국회의원의 법제 활동에 관한 지원

재경직 공무원

국회예산정책처의 예산분석실, 경제분석실 또는 사업평가국 등에서 근무하며 주로 국가의 재정과 경제에 대해 조사 연구하여 이와 관련한 국회위원회 및 국회의원의 활동을 돕는 일을 한다.

- 아래 분야에 대한 예산안·기금 운용 계획안·결산 및 기금결산에 대한 연구·분석과 국가 주요사업에 대한 분석·평가 및 중·장기 재정 소요 분석에 관한 일
- 예산 또는 기금상의 조치가 수반되는 법률안 등 의안에 대한 소요 비용의 추계 및 민간 부문 부담 비용의 추계
- 법안 비용 추계 기법에 대한 연구·개발
- 국내외 경제 정책의 연구 및 비교 분석
- 경제 관련 통계 자료 수집·신규 통계 개발 및 통계 기법 연구
- 국내외 거시경제 동향의 분석·전망 및 경제 예측
- 거시경제 분석 기법에 대한 연구·개발
- 중·장기 거시경제 정책의 개발
- 국가 재정 운용의 분석 및 전망
- 통합재정수지의 분석 및 재정 정책에 대한 효과 분석
- 국가 채무의 분석
- 국내외 재정 관련 제도에 대한 조사·연구
- 국가 세입의 추계 및 분석
- 조세 분야 주요 현안 및 세무행정 분석

- 중·장기 세제 개편을 위한 연구
- 국내외 조세 제도 및 조세 정책에 대한 연구·분석
- 외국의 예산 동향 및 사례 등에 관한 조사·연구
- 국회의 위원회 또는 의원이 요청하는 조사·분석사항에 대한 회답

분야

재정, 기획예산, 국유재산, 금융, 세제, 외환, 경제협력, 공정거래, 조달, 통계, 과학기술, 정보통신, 기상, 농업, 임업, 수산업, 축산업, 해양, 상업, 공업, 무역, 에너지, 특허, 중소기업, 국토개발, 수자원, 건설, 교통, 사회간접자본시설, 교육, 학술, 보훈, 문화, 예술, 영상, 방송, 체육, 청소년, 식품, 의약, 관광, 국정홍보, 보건, 복지, 환경, 노동, 고용, 여성, 입법, 법무, 부패방지, 인권, 법원행정, 헌법재판사무, 법제, 감사, 통일, 외무, 통상교섭, 국방, 일반행정, 선거관리, 지방자치, 재난관리, 경찰, 정보, 정부 출연 연구기관

속기직 공무원

국회사무처 의사국의 의정기록과에 근무하며 국회 및 각종 위원회 회의의 속기와 회의록을 작성하는 일을 한다.

- 회의 속기 및 회의록 작성
- 회의록 편집

경위직 공무원

국회사무처 의사국 경위과에 근무하며 국회 본회의 및 위원회 회의장의 질서 유지, 국회의원 경호, 국회 경비 업무를 주로 하며, 국회 참관인에게 본회의장을 비롯한 국회 내의 시설물과 국회의 기능이나 입법과정 등에 대해 안내하고 설명하는 일을 한다.

- 본회의 국회의장 경호
- 국회의원 경호 및 질서 유지 업무
- 국회 청사 경비 업무
- 방문인 출입증 교부 및 안내 업무

입법조사연구직 공무원

입법조사연구직 공무원은 국회 입법조사처의
정치행정조사실이나 경제사회조사실에 근무하면서 입법과 정책
개발에 관련된 다양한 자료를 수집 분석하여 국회의원이나
위원회에 그 정보를 제공한다.

- 국회의원의 요청에 따라 단순한 사실 확인을 비롯한 다양한
  자료를 조사 분석하여 그에 대한 정보를 제공하는 일
- 국가 공공정책 개발에 필요한 정보와 전문 지식을 국회에
  제공하는 일
- 행정기관의 위법 사항이나 법령 및 제도 또는 행정상의
  개선이 필요한 사항을 찾아내어 소관 상임위원회에
  보고하는 일
- 입법 및 정책 개발에 필요한 다양한 자료와 정보를 수집하고
  분석하는 일
- 국회의원 연구단체에 연구 주제 개발에 관한 자료나 전문가
  및 자료원에 대한 정보를 제공하는 일
- 세계 각국의 입법이나 정책의 경향 또는 사례를 수집
  분석하여 국회의원이나 위원회에 제공하는 일

기록관리연구직 공무원

기록관리연구직 공무원은 국회사무처 국회기록보존소에서
근무하면서 국회 기록물을 수집하고 보존 활용하는 일을 한다.

- 국회기록물 관리에 관한 기본계획을 수립하고 시행하는 일
- 국회기록물의 수집·보존 및 활용에 관한 일
- 국회기록물 관리에 관한 지도·감독
- 중앙기록물관리기관과의 협조하여 기록물을 상호 활용하고
  보존하는 일
- 정보 공개 청구에 관한 사항
- 국회사료 등 헌정 자료의 수집·편집 및 발간에 관한 사항
- 기록물 평가 분류 및 기록물 폐기 심사
- 기록물 보존 매체 제작 및 관리
- 기록물 이관 및 기록물 열람에 관한 일

사서직 공무원

국회도서관에서 근무하며, 각종 정보와
자료를 수집 분석하여 DB화함으로써 국회 의정
활동을 지원하는 한편, 외국 도서관과의 자료
교환을 통해 세계 여러 나라와 문화 교류
사업을 추진하고 일반 국민에게 필요한 자료를
제공하는 일을 한다.

특히 서지 분야에 있어서 국회도서관은
중요한 역할을 하고 있는데 국내 정기간행물
기사 색인과 국내 박사 및 석사 학위논문
총목록은 국회도서관이 이룩한 주요 업적이라
하겠다.

- 국회의원 및 입법관련부서에서 요청한
  입법과 관련한 자료 검색 및 정보 제공
- 국외 법률 정보의 조사·번역 및 제공에
  관한 사항
- 인터넷 자료의 수집·장서화 및 제공에
  관한 사항
- 입법 지식 데이터베이스의 구축 및 운영에
  관한 사항
- 정보시스템의 개발 및 운영에 관한 사항
- 도서관 정보화 및 전자도서관 기획에 관한
  사항
- 도서관 자료의 저작권 관리에 관한 사항
- 시소러스의 개발 및 유지에 관한 사항
- 전자 도서관 원문데이터베이스의 구축에
  관한 사항
- 전자 자료의 수집·복원 및 데이터베이스의
  구축에 관한 사항

- 석·박사 학위논문의 종합 목록 작성에
  관한 사항
- 정기 간행물의 기사 색인 작성에 관한
  사항
- 도서관 자료의 분류 및 목록 등 정리에
  관한 사항
- 도서관 자료의 열람, 보존 및 서고 관리에
  관한 일
- 도서관 자료의 선정·구입·납본·교환 및
  기증에 관한 사항
- 국내외 대학·협회·학회 및 국제기구 발간
  자료의 수집에 관한 사항
- 도서관 발간 자료의 배포에 관한 사항
- 도서관 자료의 이용 안내 및 이용 상담에
  관한 사항
- 각종 자료실의 운영 및 관리에 관한 사항
- 도서관 자료의 상호대차에 관한 사항
- 도서관 자료의 복제 및 제본 등에 관한
  사항
- 도서관 자료의 마이크로필름화에 관한
  사항
- 도서관 기본계획의 수립 및 조정

국회의 주요 기관과 하는 일

■ 국회사무처

국회의 입법 · 예산 결산 심사 등의 활동 지원과 행정 사무 처리를 위하여 국회에 사무처를 둠.

사무총장은 의장이 각 교섭단체 대표의원과 협의하여 본회의 승인을 얻어 임면하며, 의장의 감독을 받아 국회의 사무를 통할하고 소속 공무원을 지휘 · 감독함.

사무총장 밑에 입법차장과 사무차장이 있는데 입법차장은 입법 보조 업무와 위원회 업무를 지원하고, 사무차장은 기획 · 예산 · 인사 · 관리 · 국제 · 연수 · 공보 · 총무 · 기록물 보존 등의 행정 관리 업무에 있어서 사무총장을 보좌함.

■ 국회도서관

국회의 도서 및 입법 자료에 관한 업무 처리를 위하여 국회도서관을 둠. 인문 · 사회과학 분야를 중심으로 한 일반도서와 정기간행물 · 신문 · 멀티미디어 및 비도서자료를 보유하고 있으며, 국회의원 및 관계 직원에게 입법 활동과 국정 심의에 필요한 각종 정보를 수집 · 정리 · 분석하여 제공하고 아울러 일반 국민들에게도 도서 열람 등을 허용하고 있음.

■ 국회예산정책처

국가의 예산 · 결산 · 기금 및 재정 운용과 관련된 사항에 대해 연구 · 분석 · 평가하고 의정 활동을 지원하기 위하여 국회예산정책처를 둠.

예산안 · 결산 · 기금 운용 계획안 및 기금 결산에 대한 연구 · 분석, 예산 또는 기금상의 조치가 수반되는 법률안 등의 의안에 대한 소요 비용의 추계, 국가 재정 운용 및 거시경제 동향의 분석 · 전망, 국가의 주요 사업에 대한 분석 · 평가 및 중장기 재정 소요 분석 및 국회의 위원회 또는 의원이 요구하는 사항에 대한 조사 · 분석을 실시함.

■ 국회입법조사처

입법 및 정책과 관련된 사항을 조사 · 연구하고 관련 정보 및 자료를 제공하는 등 입법 정보 지원 서비스와 관련된 의정 활동을 지원하기 위하여 국회입법조사처를 둠.

입법 및 정책과 관련된 사항에 대한 조사 · 연구, 관련 자료의 수집 · 관리, 국내외 입법 동향의 분석 및 국회의 위원회 · 국회의원 · 국회의원 연구단체 등이 요구하는 사항에 대한 조사 · 분석 서비스를 제공함.

　사법부 공무원은 법원에 근무하면서 재판과 법정에 관한
사무와 법원의 조직, 인사, 예산, 회계, 시설 등의 관리와 같이
사법부를 운영해 가는데 있어서 필요한 사법행정사무를 보는
국가공무원으로 법원사무직, 등기사무직, 조사사무직, 전산직,
통계직, 법원경위직, 기술심리직, 사서직, 통역직 등의 행정
계통의 일반직 공무원과 연구 계통의 기록관리직 공무원이
있으며 그밖에 기술직 공무원과 기능직 공무원이 있다.
　여기에서는 행정 계통의 일반직 공무원과 연구 계통의
기록관리직 공무원이 하는 일에 대하여 설명하고자 한다.

각급 법원 및 법원행정처, 사법연수원, 법원공무원교육원, 법원도서관 등에 근무하면서 재판과 법원 행정 사무에 관련된 일을 하는 공무원으로 매년 법원행정처에서 필요에 따라 선발 배치한다.

법원사무직 공무원들은 각급 법원의 재판에 필요한 서류를 작성·분류하고 재판에 참여하며(주사보급 이상) 소송과 관련된 각종 증명서와 서류를 발급 또는 송달하는 등 재판에 관계되는 일과 호적·공탁·경매·압류 등에 관한 일, 그리고 법원 운영에 필요한 행정 사무(인사, 예산, 회계, 경리 등) 등의 일을 한다.

- 기록 등사 및 열람 신청, 소송계속 증명 신청, 소 제기 증명 신청, 재판 사건 번호 확인, 송달 증명 신청, 판결 등본 신청, 판결 확정 증명 신청 등 제증명 발급 신청 및 발급에 관한 일
- 가압류 및 가처분 신청, 결정, 등기, 해제, 취하, 취소, 경정 등에 관한 일
- 가집행 선고, 면제 선고 신청에 관한 일
- 감정 신청, 감정인 기피 신청, 감정인 신문 신청 등에 관한 일
- 강제경매(절차)의 취소 및 강제조정 결정에 대한 이의(철회) 신청에 관한 사항
- 경락대금 완납증명, 경락부동산 관리 및 인도명령 신청, 경락불허가 신청, 경락 불허가에 대한 즉시항고, 경락에 관한 이의 신청, 경락에 의한 소유권 이전등기 신청,

경락허가에 대한 즉시항고 등 경락에 관한 일
- 경매 신청대리 허가 신청, 경매(입찰)개시 결정에 대한 이의 신청, 경매(입찰) 개시 결정에 대한 이의신청 기각결정에 대한 즉시항고, 경매 기일 변경(연기) 신청, 경매 부동산 매수신청, 경매 부동산 지정 신청, 경매 신청 취하서 제출, 경매 절차 속행 신청, 경매절차 정지 신청 등 경매에 관한 일
- 공동소송 참가 신청
- 공시송달 신청, 공시최고 신청, 공시최고 불허가 결정에 대한 즉시항고, 공시최고 신청 사건 접수, 증명원 접수 등에 관한 일
- 공탁 공무원의 처분에 대한 이의신청, 공탁 관계 서류 열람 신청, 공탁금 이자 청구, 공탁금 출급 청구, 공탁금 회수 청구, 공탁금 회수 제한 청구, 공탁물 지급 청구, 공탁서 정정 신청, 공탁신청, 공탁에 관한 사실증명 신청, 공탁 유가증권 회수 청구, 공탁한 금원의 배당 사유 신고 등 공탁에 관한 일
- 공판기일 연기 및 변경 신청서 접수, 공판기일 검색, 공판기일 전의 증거 조사 신청 접수, 공판의 병합 및 분리 신청, 공판의 재개 신청 등 공판에 관한 일
- 과태료 결정 및 이에 대한 이의 신청
- 관할 법원 지정 신청, 관할 이전 신청서 접수, 관할 합의서 접수 등 관할 법원에 관한 일
- 구속영장 청구서 접수 및 처리,

구속적부심사 청구서 접수 및 처리, 구속적부심사 청구
취하서 접수, 구속집행 정지 신청서 접수 등에 관한 일

- 대체집행 비용 선지급 결정 신청, 대체집행 신청 접수 및
처리
- 등사 신청 접수 및 처리
- 명도단행 가처분 정지 신청, 명부 등재 말소 신청, 몰취 공탁
등의 일
- 문서 송부 촉탁 신청, 문서 원본 환부, 문서 제출 명령 신청
등의 일
- 민사 조정 신청, 민사 항고 사건
- 반소장 접수, 반소 취하에 관한 일
- 배상명령 신청 및 신청 취하, 배상명령에 대한 소송 대리
허가 신청, 배상명령에 대한 집행 정지 신청
- 법원사무관 등의 처분에 대한 이의 신청, 법원 직원의 제척
또는 기피신청
- 변론 기일 변경 신청, 변론 기일 연기 신청, 변론 병합 결정
연기 신청, 변론 병합결정 취소 신청, 변론의 병합 및 분리
신청, 변론의 재개 신청, 변론 제한신청 등에 관한 일
- 보증 공탁, 보관 공탁, 보관금 출급
- 보석 청구 접수, 보석 취하 접수, 보정 신청
- 강제 집행, 강제 집행 정지 신청, 강제 집행 관련 서류 작성,
부동산 강제 집행, 입찰 안내, 채권 강제 집행, 동산 강제
집행 등 강제 집행에 관한 일
- 부동산 강제 관리 신청, 부동산 경매(입찰)사건 처리, 부동산
경매(입찰)신청, 부동산 인도 청구권에 대한 압류명령 신청,
부동산 일괄경매(입찰)신청, 부동산재평가 신청, 부동산
훼손에 의한 경락 허가 결정 취소 신청
- 상고장 접수(민사, 가사), 상소권 포기서(민사, 형사) 접수,
상소권 회복 청구서 접수(형사) 등에 관한 일

- 선고유예 실효 청구서 접수
- 소 취하서 제출, 소 변경 불허가 신청, 소 변경 신청
- 소송 고지 신청, 소송 구조 신청, 소송 구조 취소 신청,
  소송대리인 사임 신고, 소송대리인 해임 신청, 소송대리 허가
  신청, 소송 물가액 증명 신청, 소송비용 담보제공 및 담보
  제공 기간 연장 신청, 소송비용 집행 면제 신청, 소송비용액
  확정 신청, 소송 이송 신청, 소송 이송 신청 결정에 대한
  즉시항고, 소송 인수 신청, 소송 절차 중지 신청, 소송 참가
  신청, 소송 탈퇴서 접수, 소송 행위의 특별대리인 선임 청구
  등 소송에 관한 일
- 소장 접수 및 접수 사실 증명, 소장 정정 신청, 소장
  각하명령에 대한 즉시항고장 접수, 소제기 증명 및 증명원
  접수, 소취하 무효로 인한 변론기일 지정 신청 등과 같은 일
- 송달료 잔액 환부, 송달 영수인 선임 신고서 접수, 송달
  장소와 송달 영수인 선정 신고서 접수, 송달 증명
- 압류 금지 채권의 범위 변경, 압류 채권자의 매수 신청, 압류
  채권 추심 허가, 압류 해제 및 추심 포기, 압수물 환부 신청
  등의 일
- 가사 조정 및 협의이혼에 관한 일
- 정식재판 청구, 정식재판 청구 취하 등에 관한 일
- 채권 계산서 제출, 채권 상계 신청, 채권 상계에 대한 이의
  신청, 채권 신고서 접수, 채권 압류 및 전부명령 신청, 채권
  압류 및 추심 명령 신청, 채무명의 환부, 채무 불이행자 명부
  등재 신청 및 열람
- 항고장 접수(민사, 형사), 항소권 포기서 접수(민사, 형사),
  항소장 접수(민사, 형사), 항소 취하서 접수(민사, 형사) 등에
  관한 일

전산직, 통계직, 사서직, 통역직 공무원

법원 공무원 중 전산직 공무원, 통계직 공무원, 사서직 그리고
통역직 공무원은 각각 해당 전문 분야의 일을 맡아서 하는 일반직
공무원이지만 결원이 생길 경우에만 특별 채용시험을 거쳐
채용한다.

1. 전산직
   - 사법부 업무시스템 개발 및 운영 관리
   - 사법 정보 시스템 서버 운영

2. 통계직
   - 사법 통계 : 법원 업무와 관련한 통계

3. 사서직
   - 법원 내 사서 업무(도서 및 자료 분류 보관)

4. 통역직
   - 재판 관련 외국인 통역 업무

등기사무직 공무원

등기사무직 공무원은 법원 조직 내의 등기국(과)이나 독립된
등기소 등에 근무하면서 부동산 등기, 상업 등기, 선박 등기,
법인(사단, 재단) 등기 및 그와 관련된 사무를 보는 공무원으로
다음과 같은 구체적인 일을 한다.

- 신탁 등기에 관한 업무
- 사단 및 재단의 등기, 법인 등기에 관한 제반 문의 및 합병의
  등기
- 상속에 인한 소유권 이전 등기와 협의 분할(상속)등기
- 소유권 보존 등기, 소유권 이전 등기
- 토지수용으로 인한 소유권 이전 등기
- 저당권 설정 등기, 저당권 설정 등기의 말소, 저당권의 이전,
  변경 등기
- 토지 분필 등기, 토지 합필 등기
- 토지 표시 변경 등기
- 판결에 의한 등기
- 변경 등기, 멸실 등기, 멸실 회복 등기
- 말소에 관한 등기, 말소 회복 등기
- 등기공무원 처분에 대한 이의신청서 접수
- 등기 명의인 표시 경정, 변경 등기
- 등기부 등본 및 초본 교부신청, 등기부 열람신청
- 대지권 등기
- 가등기, 담보가등기
- 채권자 대위에 의한 등기
- 가처분 등기
- 공유 지분 등기
- 국세 체납 처분에 관한 등기
- 권리변경 등기

조사사무직 공무원

대법원이나 각급 법원에 근무하면서 법관의 지시를 받아 법률 또는 대법원규칙이 정하는 사건에 관한 심판에 필요한 자료의 수집 및 조사 또는 그밖에 필요한 일을 하는 사법부 공무원을 말한다. 현재 채용을 거의 하지 않는 업무 분야이다.

법원경위직 공무원

주로 재판정 내의 질서를 유지하는 일을 하는 일반직 공무원이었으나 2007년부터는 별정직 법원경비관리대원으로 신분이 바뀌었다.

■ 법정 질서 유지, 법원 청사 경비와 시설 보호

기술심리직 공무원

기술심리관이라고 부르는데 모두 4급 또는 5급 공무원들이다.
이들은 특허법원에 근무하면서 특허, 실용신안, 디자인 등과
관계되는 소송의 심리에 참여하여 기술적인 사항에 관하여
소송관계인에게 질문을 하고 재판에 있어 의견을 진술하는 일을
한다.

기술심리관 제도

재판에 있어서 법관의 기술 분야에 대한 전문성을 보좌하기 위하여 기술심리관을 두고 있는데
처음 특허법원이 설립되었을 때부터 1999년 12월 31일 까지는 과학·기술을 전공하고 특허
청에서 장기간 심사관으로 근무한 경력을 가진 특허청 소속 공무원이 법원에 파견되어 근무하
였다. 그러나 2000년 1월 1일 부터는 대법원장이 기술심리관을 법원공무원으로 임명하여 근
무하게 하고 있다.

1. 임용 자격
- 특허청에서 5년 이상 심사관 또는 심판관으로 종사한 자
- 7년 이상 일반직 국가공무원으로 산업기술 또는 과학기술에 관한 사무에 종사한 자로서
  5년 이상 5급 이상의 직에 있던 자
- 과학기술에 관한 분야에서 석사학위를 취득하고 해당 분야의 사무 또는 연구에 10년 이
  상 종사한 자
- 과학기술에 관한 분야에서 박사학위를 취득한 자
- 국가기술자격법에 의한 기술사 자격을 취득한 자
- 변호사 또는 변리사로서 과학기술에 관한 분야에서 학사학위를 취득한 자

2. 하는 일
- 재판장의 명을 받아 사건의 기술적·전문적 사항에 관하여 법원의 수시 자문에 응하는 일
- 재판장의 명을 받아 소송 기록을 검토하여 기술적 사항에 관련된 증거 판단, 사실 문제에
  관한 조사·검토, 관련 전문지식 등에 관한 의견서를 법원에 제출하거나 연구 결과 또는
  의견을 구두로 보고하는 일
- 변론 또는 준비 절차에서 재판장 또는 수명 법관의 허가를 얻어 기술적인 사항에 관하여
  소송관계인에게 질문을 하는 일(다만, 상표에 관한 사건에 관하여는 그러하지 아니하다)
- 재판장의 허가를 얻어 합의 과정에서 사건의 기술적 사항에 관하여 의견을 진술하는 일
  (다만, 상표에 관한 사건에 관하여는 그러하지 아니하다)

기록관리직 공무원

- 법원 기록 관리에 관한 기본 계획의 수립 및 시행
- 법원 기록물의 수집 보존 및 활용
- 국내외 기록 보존 관리 기관과의 교류 및 협력
- 법원 기록물 관리에 관한 지도 및 감독
- 법원 기록물 분류표의 제정 및 관리
- 법원 기록물의 평가 및 분류
- 법원으로부터 이관된 재판서, 사건 기록의 보존 및 제 증명 발급

법무사 자격시험 면제

- 법원 · 헌법재판소 · 검찰청의 법원사무직렬 · 등기사무직렬 · 검찰사무직렬 또는 마약수사직렬 공무원으로 10년 이상 근무한 경력이 있는 자에게는 제1차 시험을 면제한다.

- 다음 각 호의 1에 해당하는 자에게는 제1차 시험의 전 과목과 제2차 시험의 과목중 대법원규칙이 정하는 일부과목을 면제한다.

1. 법원 · 헌법재판소 · 검찰청의 법원사무직렬 · 등기사무직렬 · 검찰사무직렬 또는 마약수사직렬 공무원으로 5급 이상의 직에 5년 이상 근무한 경력이 있는 자
2. 법원 · 헌법재판소 · 검찰청의 법원사무직렬 · 등기사무직렬 · 검찰사무직렬 또는 마약수사직렬 공무원으로 7급 이상의 직에 7년 이상 근무한 경력이 있는 자

- 제1차 시험에 합격한 자에 대하여는 다음 회의 시험에 한하여 제1차 시험을 면제한다.

대법원 산하기관

■ 법원행정처

법원의 조직, 인사, 예산, 회계, 시설 관리 등과 같이 사법부를 운영해 가
는데 있어서 필요한 행정을 사법 행정이라고 하는데 사법 행정의 최고기
관은 대법원장이다.

대법원장은 대법원의 일반 사무를 관장하며, 대법원의 직원과 각급 법원
및 그 소속 기관의 사법 행정사무에 관하여 직원을 지휘 감독한다.
법원행정처는 이러한 대법원장을 보좌하여 사법 행정 사무를 추진하는
곳으로 처장과 차장이 있다.

처장은 대법관 중에서, 차장은 판사 중에서 대법원장이 임명한다.

■ 사법연수원

사법연수원은 법관 연수와 사법연수생의 교육에 관한 사무를 관장하는
기관으로 고등법원장 급의 원장 1인, 검사장 급의 부원장 1인, 고등법원
부장판사급인 수석교수 1인과 그밖에 상당수의 교수 및 강사를 두고 있
다.

법관 연수는 경력별 연수와 분야별 연수로 구분되는데, 경력별 연수는
신임 법관 연수, 단독 법관 연수, 중견 법관 연수, 지방법원 부장판사 연
수, 고급관리자 연수로, 그리고 분야별 연수는 형사실무 법관 연수, 특별
실무 법관 연수, 도산실무 법관 연수, 지원장 연수, 전문분야 법관 세미
나 등으로 나누어 실시되고 있다.

그리고 사법연수생 교육은 사법시험에 합격한 자를 대상으로 2년간 교
육을 하는데 교육이 끝나면 판사, 검사, 변호사가 될 수 있는 자격을 취
득하게 된다.

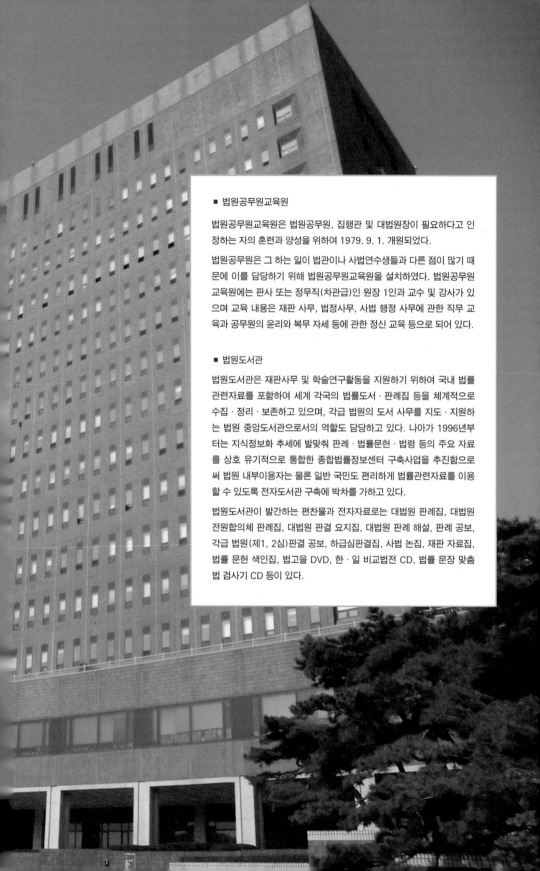

■ 법원공무원교육원

법원공무원교육원은 법원공무원, 집행관 및 대법원장이 필요하다고 인정하는 자의 훈련과 양성을 위하여 1979. 9. 1. 개원되었다.

법원공무원은 그 하는 일이 법관이나 사법연수생들과 다른 점이 많기 때문에 이를 담당하기 위해 법원공무원교육원을 설치하였다. 법원공무원교육원에는 판사 또는 정무직(차관급)인 원장 1인과 교수 및 강사가 있으며 교육 내용은 재판 사무, 법정사무, 사법 행정 사무에 관한 직무 교육과 공무원의 윤리와 복무 자세 등에 관한 정신 교육 등으로 되어 있다.

■ 법원도서관

법원도서관은 재판사무 및 학술연구활동을 지원하기 위하여 국내 법률 관련자료를 포함하여 세계 각국의 법률도서 · 판례집 등을 체계적으로 수집 · 정리 · 보존하고 있으며, 각급 법원의 도서 사무를 지도 · 지원하는 법원 중앙도서관으로서의 역할도 담당하고 있다. 나아가 1996년부터는 지식정보화 추세에 발맞춰 판례 · 법률문헌 · 법령 등의 주요 자료를 상호 유기적으로 통합한 종합법률정보센터 구축사업을 추진함으로써 법원 내부이용자는 물론 일반 국민도 편리하게 법률관련자료를 이용할 수 있도록 전자도서관 구축에 박차를 가하고 있다.

법원도서관이 발간하는 편찬물과 전자자료로는 대법원 판례집, 대법원 전원합의체 판례집, 대법원 판결 요지집, 대법원 판례 해설, 판례 공보, 각급 법원(제1, 2심)판결 공보, 하급심판결집, 사법 논집, 재판 자료집, 법률 문헌 색인집, 법고을 DVD, 한 · 일 비교법전 CD, 법률 문장 맞춤법 검사기 CD 등이 있다.

헌법재판소는 헌법에 관한 분쟁이나 의의를 사법적 절차에
따라 해결하는 특별재판소로 최종적으로 헌법을 유권해석하는
위치에 있기 때문에 일반법원과는 다른 성격을 가진다.
위헌법률심판, 탄핵심판, 정당해산심판, 권한쟁의심판 및
헌법소원심판 등을 담당하는 헌법재판소에서 근무하는
국가공무원은 다음과 같은 일을 한다.

주로 행정관리국 총무과, 인사과나 기획조정실 재정기획과, 국제협력과 등에 근무하면서 헌법재판소 운영에 필요한 행정 관리 업무를 본다.

- 주요 사업 계획의 수립 및 심사 평가
- 예산의 편성
- 예산의 배정 및 조정, 결산
- 국회 관련 업무
- 문서의 분류 및 수발
- 연금·급여·보험 및 세출예산 지출에 관한 사항
- 물품 구매 및 조달
- 국유재산 및 물품의 관리
- 후생 및 복지에 관한 사항
- 공무원 임용·복무·징계·교육훈련·소청·고충처리 등 인사 업무
- 인사 제도 조사·연구
- 조직 및 정원의 관리
- 보수의 조정
- 공무원직장협의회에 관한 사항
- 공직자 재산 등록·심사 및 선물 신고와 퇴직공직자의 취업 제한에 관한 사항
- 병역 사항 신고
- 행정 업무의 정보화
- 인터넷 홈페이지 개발 및 운영
- 보안 체제 및 정보 보호시스템 구축 및 운영
- 행정전산망 사무기기 보급계획 수립 및 시행
- 관인 및 관인대장의 관리
- 비상 계획·예비군 및 민방위 업무
- 국제회의 참가 및 직무상 국외출장에 관한 사항

법제조사, 심판사무 및 심판행정에 관한 일을 하며 주로
심판사무국의 심판행정과나 심판사무과에 근무하는데
법원사무직과 검찰사무직 간에는 일의 구분 없이 같은 일을
한다고 보면 된다.

- 심판 사건의 접수
- 공탁금·심판 비용의 출납 및 영치물에 관한 사항
- 심판 사건에 관한 서류의 작성·보관
- 심판 사건 송달에 관한 사항
- 심판 사건 통계 업무
- 심판 사무에 관련된 규칙·내규의 제정 또는 개폐 등 제도
  개선
- 헌법 재판 실무제요 편찬 및 발간
- 헌법재판소 결정의 사후 관리
- 법령의 조사
- 행정심판제도의 운영
- 헌법재판소 및 헌법재판소 공무원에 대한 소송
- 헌법재판 제도 조사·연구
- 헌법재판소 제도의 중·장기 발전계획 수립 및 시행
- 심판 및 행정 사무 제도의 개선
- 심판에 관련된 자료의 수집 및 분석
- 국내외 판례에 대한 분석 및 정리
- 심판자료 및 국내외 판례의 번역
- 법령 질의에 대한 회신

법정경위직 공무원

- 심판정의 관리
- 국제의전에 관한 사항
- 국내의전에 관한 사항
- 청사와 공관의 유지·관리 및 방호

사서직 공무원

- 국내외 자료협력
- 국·영문 판례의 편찬 및 발간
- 헌법재판소 공보의 편찬 및 발간
- 장서 개발 정책의 수립
- 국내외 도서·자료의 구입 및 수집
- 도서·자료의 분류·목록 작성·정리 및 제적
- 도서·자료의 보존·관리·열람 및 대출
- 국내외 도서관간의 교류·협력

기록관리직 공무원

- 헌법재판소 기록물의 보존 및 관리 업무
- 헌법재판 실무제요 편찬 및 발간

헌법재판소가 하는 일

■ 위헌법률심판
법원에서 재판중인 구체적인 소송사건에서, 그 사건에 적용될 법률이 위헌인지 아닌지가 문제되어 법원이 직권으로 혹은 소송당사자의 신청을 받아들여 해당 법률의 위헌여부를 심판하는 것.

■ 탄핵심판
대통령, 국무총리, 행정각부의 장, 법관, 감사원장 등의 고위직 공무원이 직무집행에 있어 헌법이나 법률을 위배한 경우에 국회의 탄핵소추 발의와 의결에 따라서 해당 공무원의 파면 결정에 관한 선고를 하는 심판제도.

■ 정당해산심판
정당의 목적이나 활동이 민주적 기본질서에 위배될 때, 정부의 제소에 따라 해당 정당의 해산을 명하는 결정에 관한 심판.

■ 권한쟁의심판
국가기관 상호간, 국가기관과 지방자치단체 상호간, 지방자치 단체 상호간에 권한의 존부나 범위에 관한 다툼이 생긴 경우에 헌법재판소가 헌법 해석을 통하여 유권적으로 그 분쟁을 해결하는 심판.

■ 헌법소원심판
공권력의 행사 또는 불행사로 말미암아 헌법상 보장된 국민의 기본권이 침해되는 경우에 국민이 헌법재판소에 대하여 자신의 기본권을 구제하여 줄 것을 청구하는 심판제도.

선거관리위원회는 헌법 제114조의 규정에 의해 선거와 국민
투표의 공정한 관리 및 정당에 관한 사무를 처리하기 위해 설치된
국가 기관이다. 어떤 외부의 간섭이나 영향을 받지 않고 오직
헌법과 법률이 정하는 바에 따라 그 직무를 수행한다.
　선거관리위원회 공무원은 중앙선거관리위원회 사무처와 지방
각급 선거관리위원회 사무국에서 근무하면서 선거와 정당에
관계되는 업무를 처리한다.

선거관리위원회의 일상적 운영에 필요한 일반 행정 업무(인사, 예산, 회계, 경리 등)를 보는데 주요한 일들은 다음과 같다.

- 위원회의 각종 행사 관리 및 운영 지원에 관한 사항
- 보안 및 관인 관리
- 회계 및 자금 배정
- 공무원의 보수·연금 및 복리 후생에 관한 사항
- 공사·제조·물품의 구매·조달 및 관리
- 국유재산의 관리 및 운영
- 청사의 신축·유지·관리·방호 등의 일
- 주요 업무 계획 수립 및 종합·조정
- 주요 사업의 진도 파악 및 심사분석·평가
- 직원 연수에 관한 일
- 각종 업무 보고 및 행사 개최 계획
- 결산·세입 업무 및 선거 경비에 관한 업무
- 예산 편성, 예산 집행 계획 및 재배정 업무
- 국회와 관련한 업무
- 공무원의 임용·복무·교육 훈련 그 밖의 인사 사무
- 소청심사위원회 및 징계위원회의 운영
- 공익근무요원의 배정 및 복무 관리
- 조직 및 정원의 관리
- 조직 진단 및 평가
- 예산의 운영 및 결산에 관한 사항

기록관리직 공무원

　선거관리위원회의 기록관리직 공무원은 기획조정실
기록관리과에 근무하면서 각종 선거와 정당에 관련된 기록물을
수집·분류·보존·관리하는 일을 한다.

- 기록물 관리에 관한 기본 계획의 수립
- 선거사 등 사료 편찬에 관한 사무
- 국내외 기록 보존 관련 기관과의 교류 협력에 관한 일
- 기록물 분류 기준표의 제·개정 및 관리
- 기록물의 수집·보존·활용·평가 및 분류
- 각급 위원회의 기록물 관리에 관한 지도와 감독
- 기록 관리 시스템 운영 및 문서고 관리
- 후보자 인쇄물 및 사진 자료의 수집 및 관리
- 선거와 정당에 관련된 다양한 자료를 수집하고 분류
  관리하는 일
- 홍보 인쇄물 및 동영상 자료의 관리
- 문서 및 도서류에 속하지 않는 기타 자료의 수집 및 관리

선거행정직 공무원

선거행정직 공무원은 대통령 선거, 국회의원 선거,
지방자치단체장 선거(시·도지사, 시장·군수·자치구청장),
지방의회의원 선거(시·도의원, 시·군·자치구 의원) 및
교육위원·교육감 선거 등과 관련한 후보자 등록, 투표, 개표와
같은 선거 절차에 관한 사무 관리, 선거 비용 관리, 선거법
위반행위 감시 및 단속에 관한 일을 한다.

- 선거·투표·정당·정치자금 관계법규의 개정 및 제정
- 선거·투표·정당·정치자금제도 관련 자료의 수집 분석
- 법규집의 편찬 및 발간
- 공직선거·위탁선거·국민투표·주민투표 관계법규의
  유권해석 및 운용
- 공직선거·위탁선거·국민투표·주민투표에 관한 주요 현안
  검토
- 공직선거 관리지침 및 지시 등의 작성에 관한 일
- 공직선거 등 기본현황·통계 등 작성 및 관리
- 투표구 조정 및 관리에 관한 일
- 공직선거 및 국민투표 관리기법의 조사·연구 및 개선
- 공직선거 및 국민투표 관리에 대한 결과 평가
- 공직선거·위탁선거 및 주민투표관리 절차사무 관리에 관한 일
- 공직선거·위탁선거 및 주민투표관리 사무편람의 제정과
  개정
- 위탁선거 및 주민투표관리 대외협력업무 수행
- 위탁선거 및 주민투표관리 결과에 대한 평가
- 선거 및 투표 관리에 필요한 인력수급 계획 수립 및 조정에
  관한 일
- 선거·투표 관리 장비와 용품의 개발 및 관리
- 선거·투표 총람 등의 발간에 관한 일
- 선거·투표 결과 정리에 관한 일

- 전자선거 추진 계획 수립 및 시행에 관한 사항
- 전자선거추진협의회 운영
- 터치스크린 전자투표시스템 구축 사업 추진 및 관리에 관한 일
- 위탁·민간선거의 전자선거 지원에 관한 일
- 전자선거 대국민 홍보
- 전자선거 제도 개선 연구
- 공직선거 및 위탁선거 관계법규 위반행위 예방과 감시·단속에 관한 일
- 국민투표 및 주민투표 관계법규 위반행위 예방과 감시·단속에 관한 일
- 공직선거 및 위탁선거 관계법규 위반행위 조사·단속기법 연구
- 선거사범에 대한 조사와 기타 관련 자료의 수집 및 분석

Part Four

Get a Job

공무원이 되려면 공무원 채용 시험에 합격해야 한다. 공무원 채용
시험에는 일반 채용 시험과 특별 채용 시험이 있다.

일반 채용 시험은 가장 보편적인 공무원 채용 시험으로 누구든지
응시할 수 있으며 합격하면 시험의 종류에 따라 다양한 분야의
국가공무원 또는 지방공무원이 될 수 있다. 이러한 일반 채용
시험을 공개경쟁 채용 시험이라 하고 이를 줄여 '공채'라고도
한다.

특별 채용 시험은 공채를 통하여 뽑을 수 없는 특정 분야의
공무원을 뽑을 때 보는 시험인데 일정한 자격이나 경력을 갖춘
사람만이 응시할 수 있다. 이 경우 두 가지 방식이 있는데 하나는
일정한 자격 조건을 가진 특정한 사람들만을 대상으로 시험을

보는 그야말로 특별 채용 시험이 있고, 또 하나는 일정한 자격
조건을 갖춘 모든 사람들을 대상으로 시험을 보는 제한 경쟁 특별
채용 시험이 있다.
이 두 경우의 특별 채용 시험을 줄여서 '특채'라고 부르기도 하며,
일반적으로 제한 경쟁 특별 채용 방식이 많이 사용되고 있다.
이 외에 지역인재추천채용제도가 있는데 이는 지역의 우수한
인재를 공무원으로 선발하기 위한 것으로 대학의 추천을 받아
서류전형과 필기시험 및 면접시험을 거쳐 견습으로 채용한 뒤
견습 기간이 끝나면 정식 7급 또는 9급 공무원으로 임용하는
일종의 특별 채용 제도라 할 수 있다.

〈공개경쟁 채용 시험〉

1. 목적과 의의

공무원을 새로 뽑을 경우에 일반적으로 치르는 시험인데 보다 우수한 인재를 선발하기 위하여 모든 국민에게 응시 자격을 주고 있다. 즉 누구든지 능력 있는 사람은 공개경쟁을 통하여 공무원이 될 수 있는 길을 열어 놓은 것이다.

2. 공채 시험의 종류

■ 행정부 공무원 시험
- 5급 공무원(행정 및 기술 계통)
- 7급, 9급 국가공무원
- 7급, 9급 지방공무원
- 연구·지도직 공무원
- 외무공무원
- 경찰공무원, 경찰 간부후보생
- 해양경찰공무원, 해양경찰 간부후보생
- 소방공무원, 소방 간부후보생
- 일반 군무원(국방부, 육군, 공군, 해군) 및 기능 군무원
- 국가정보원 직원
- 경호공무원
- 별정직 국가공무원

■ 입법부 공무원 시험
- 5급 공무원 공채
- 8급, 9급 국가공무원
- 기능직 국가공무원
- 별정직 공무원
- 각종 일반 계약직 공무원 및 각종 전문 계약직 공무원

■ 사법부 공무원
  - 5급 공무원 공채
  - 9급 국가공무원

⟨특별 채용 시험⟩
1. 목적과 의의
  공개경쟁 채용 시험으로 선발하기 어려운 전문적 기술이나
지식이 필요한 분야의 공무원, 숙련된 경력자를 필요로 하는
분야의 공무원 또는 법령에 의하여 특별 채용하도록 되어 있는
대상자를 공무원으로 채용할 경우에 특별 채용 시험을 실시한다.

2. 특별 채용을 할 수 있는 경우와 시험 방법
 1) 직제와 정원의 개폐 또는 예산의 감소 등에 의하여 폐직
    또는 과원이 되어 직권 면직된 자나, 신체 정신상의 장애로
    장기 요양이 필요하여 휴직한 자가 휴직기간이 끝나도
    업무에 복귀하지 못하여 퇴직한 경력직 공무원을 퇴직한
    날로부터 3년 이내에 퇴직 시 직급의 경력직 공무원으로
    재임용하는 경우, 또는 경력직 공무원인 자가 특수경력직
    공무원이나 다른 종류의 경력직 공무원으로 되기 위하여
    퇴직한 자를 퇴직 시 직급의 경력직 공무원으로 재임용하는
    경우
    ⇒ 서류전형, 면접시험 또는 실기시험

 2) 공개경쟁시험에 의하여 임용하는 것이 부적당하여 채용
    예정 업무 분야의 자격증을 가지고 있는 자를 채용하는 경우
    ⇒ 서류전형, 면접시험 또는 실기시험

3) 선발하려고 하는 직급과 같은 직급에서 2년 이상 근무한 경력이 있는 자 또는 뽑으려고 하는 직급에 상응한 근무나 연구를 3년 이상 한 자를 채용하는 경우
⇒ 필기시험, 면접시험·실기시험 또는 서류전형, 단 3년 이내 원래의 직급으로 다시 채용할 경우에는 서류전형, 면접시험

4) 특수 목적을 위하여 설립된 학교(세무대학, 철도전문대학 등)의 졸업자로서 각급 기관에서 실무 수습을 마친 자를 그 대학의 설립 목적과 관련된 분야의 공무원으로 임용하는 경우
⇒ 서류전형, 면접시험 또는 실기시험

5) 1급 공무원 또는 이에 상당하는 고위공무원단에 속하는 일반직 공무원을 임용하는 경우
⇒ 서류전형

6) 공개경쟁채용시험을 통해서는 채용이 곤란한 특수 직무 분야나 특수 환경 또는 도서 벽지 등 특수한 지역에 근무할 자를 임용하는 경우
⇒ 필기시험, 면접시험·실기시험 또는 서류전형

7) 일반직 공무원을 기능직 공무원으로, 기능직 공무원을 일반직 공무원으로 임용하는 경우와 지방공무원을 당해 직급에 해당하는 국가공무원으로 임용하는 경우
⇒ 필기시험, 면접시험·실기시험 또는 서류전형

특별 채용 시험으로 선발하는 공무원 종류의 예

1. 행정부 공무원
- 일반직 국가공무원 및 지방공무원
- 외무공무원
- 일반군무원
- 별정직 공무원
- 연구직 · 지도직 공무원

2. 입법부 공무원
- 일반직 국가공무원
- 기능직 공무원
- 별정직 공무원
- 연구직 공무원
- 계약직 공무원

3. 사법부 공무원
- 일반직 국가공무원
- 기능직 공무원
- 별정직 공무원
- 계약직 공무원
- 기록연구직 공무원

4. 헌법재판소 공무원
- 일반직 국가공무원
- 별정직 공무원

5. 선거관리위원회 공무원
- 일반직 국가공무원
- 전문계약직 공무원

8) 외국어에 능통하고 국제적 소양과 전문 지식을 지닌 자를
   임용하는 경우
   ⇒ 필기시험, 면접시험·실기시험 또는 서류전형

9) 임용 예정직과 관련된 실업계·예능계 및 사학계의
   고등학교·전문대학 및 대학(대학원 포함)의 학과 중
   대통령령으로 정하는 학과 졸업자로서 중앙인사위원회가
   정하는 바에 따라 당해 학교장의 추천을 받은 자를 연구 또는
   기술 직렬의 공무원이나 기능직공무원으로 임용하는 경우
   ⇒ 필기시험, 면접시험·실기시험 또는 서류전형

10) 과학기술 분야 또는 공개경쟁채용시험에 의한 결원 보충이
    곤란한 특수전문 분야의 연구 또는 근무경력이 있는 자를
    임용하는 경우
    ⇒ 서류전형, 면접시험 또는 실기시험

11) 지역인재 추천 채용자로서 견습근무를 마친 자 및 공무원
    임용 국비 장학생으로 졸업한 자를 임용하는 경우
    ⇒ 서류전형, 면접시험 또는 실기시험

12) 연고지 기타 지역적 특수성을 고려하여 일정한 지역에
    거주하는 자를 그 지역에 소재하는 기관에 임용하고자 하는
    경우
    ⇒ 필기시험, 면접시험·실기시험 또는 서류전형

* 2), 6), 8), 9), 10), 12)의 경우에는 제한 경쟁 특별 채용 시험을 실시하며
필기시험을 보게 할 수 있다.
시험 면제의 경우 / 지방공무원 → 국가공무원(같거나 비슷한 분야로)

공무원 채용 시험 실시 기관

■ 행정부 공무원
  : 행정안전부장관, 각부
  장관, 행정부 각 기관장,
  지자체인사위원장

■ 입법부 공무원
  : 국회 사무총장

■ 사법부 공무원
  : 법원 행정처장

■ 헌법재판소 공무원
  : 헌법재판소 사무처장

■ 선거관리위원회 공무원
  : 중앙선거관리위원회
  사무총장

특별시·광역시·도 또는 자치구·시·군에 근무하는 일반직
지방공무원을 행정안전부 및 그 소속기관에 당해 직급에
해당하는 국가공무원으로 임용하는 경우 또는
특별시·광역시·도의 교육청과 그 소속 기관에 근무하는 일반직
지방공무원을 교육부 및 그 소속 기관과 그밖에 교육부장관이 그
소속공무원에 대한 임용권 또는 임용제청권을 가지는 기관의
당해 직급에 해당하는 국가공무원으로 임용하는 경우의
특별채용시험은 이를 면제한다.

외교통상직 공무원을 행정안전부장관이 정한 직무 내용이
유사한 일반직 공무원으로 임용하는 경우의 특별채용시험은
이를 면제한다

3. 특별 채용 시 근무 조건
■ 특별 채용하기로 한 분야 이외의 분야에 임용할 수 없다.

■ 특수 직무 분야, 특수 환경, 도서벽지 근무와 같은 특수
   지역에 근무하는 조건으로 채용된 자와 외국어 능통자로
   채용된 자 및 일정한 지역에 거주하면서 그 지역의 기관에
   임용된 자는 5년 동안은 다른 직종이나 다른 기관으로
   이동하여 근무할 수 없다.

4. 특별 채용 시험의 종류
■ 특별 채용 시험은 각 기관에서 필요한 경우에 필요한 인원을
   선발하기 위하여 실시하는 시험으로 매년 정기적으로
   채용하는 공개 경쟁 채용 시험과는 다르게 언제 어떤 직종의
   공무원을 몇 명 뽑을 지 잘 알 수가 없다. 따라서 특별 채용에
   관심 있는 사람은 수시로 각 기관의 홈페이지나 행정안전부
   및 주요 채용 시험 실시 기관의 홈페이지에서 채용에 관한
   정보를 얻거나 해당 기관의 채용 담당자에게 물어봐야 한다.

지역 인재 추천 채용제(견습 직원 선발 시험)

1. 목적과 의의

지역 인재 추천 채용제는 지역의 우수한 인재를 공무원으로
선발하기 위하여 학업 성적 등이 뛰어난 4년제 대학 졸업자 또는
졸업 예정자를 대학의 추천을 받아 선발하여 3년의 범위 안에서
견습으로 근무하게 하고, 견습 근무 기간 동안에 근무 성적 및
자질이 우수하다고 인정되는 자는 견습 기간 후 7급
국가공무원으로 임용하는 제도이다.

지역 인재 추천 채용제는 여러 가지 방법을 통하여 우수한
공무원을 뽑으려는 정부 시책의 일종으로 기존의 공채나
특채와는 성격을 달리 하는 새로운 공무원 채용 방식이다.

특히 지역 균형 인사라는 측면에서 특별시, 광역시 및 도 중
특정 광역지방자치단체 소재의 대학 출신자 비율이 합격자의
10%를 초과하지 않도록 합격자를 조정하는 특이점이 있다.

2. 응시 자격
- 대학이 정하는 졸업 학점의 3/4 이상을 취득한 자로서 평균
  석차비율이 각 학과의 상위 10% 이내이거나 졸업
  석차비율이 각 학과의 상위 10% 이내인 졸업자.
- 다음과 같은 영어 능력 검정 시험 점수를 받은 자.

TOEFL			TOEIC	TEPS	G-TELP	FLEX
PBT	CBT	IBT				
530점	197점	71점	700점	340점	Level2 65점	625점

- 연령 : 20세 이상

3. 선발 인원 및 분야 : 50~130명(매년 선발 인원 다름)
- 행정 분야(인문사회계열), 기술 분야(이공계열)

4. 시험 방법

서류 전형, 필기시험(공직적격성평가 : PSAT) 및 면접시험

- 서류전형 : 학교 성적, 영어 성적, 연령 등 자격 조건에
  맞는지 확인
- 필기시험 : 5급 이상 공채시험의 제1차 필수과목 중 영어를
  제외한 언어논리 영역, 자료해석영역, 상황판단영역(상황판단
  영역은 언어논리영역과 자료해석영역에 포함하여 평가할 수 있음)
- 면접시험 : 직무수행에 필요한 능력 및 적격성을 시험 보며
  다음 사항을 중심으로 평가한다.
  - 공무원이 되기 위한 정신 자세
  - 전문 지식과 그 응용 능력
  - 의사 발표의 정확성과 논리성
  - 예의·품행 및 성실성
  - 창의력·의지력 및 발전 가능성

5. 견습 기간 및 대우

- 견습 기간 : 1년
- 대우 : 7급 공무원 1호봉(연간 약 2천 3백만 원 정도)

6. 채용

- 견습 기간 후 7급 국가공무원으로 채용
  (견습 기간은 경력으로 인정함)

〈대학별 추천 가능 인원 수〉

입학 정원	1,000명 이하	1,001 ~ 2,000명 이하	2,001명 이상
추천 인원	2명	3명	4명

대한민국 국민이면 누구나 능력에 따라 자신이 하고 싶은 분야의 공무원이 될 수 있다. 특히 1973년부터 학력 제한이 폐지되면서 공무원이 되는 데 필요한 특별한 자격 조건은 없다고 보는 편이 일반적이다. 따라서 누구든지 공개경쟁을 통해 자신의 능력에 맞는 공무원이 될 수 있으며 이후 국가와 국민을 위하여 일할 수 있다.

다만, 공무원이 맡아서 하는 일이 나라 전체에 미치는 영향이 큰 만큼 능력 있는 사람을 선발하는 것 못지않게 공무원이 되어서는 안 될 사람을 가려내는 것도 중요하다. 이에 우리나라는 공무원이 되어서는 안 될 사람을 법(국가공무원법)으로 정해 놓고 있다. 이를 공무원 부적격자라고 하는데 여기에 해당되는 사람은 공무원에 응시할 수 없다.

또한 공무를 집행하기 위해 공무원으로서 필요한 최소한의 조건을 충족시키는 것이 바람직하기에 일반적으로 공무원이 될 수 있는 나이를 정해 놓고 있다. 이 나이는 직종과 계급에 따라, 또 공채이냐 특채이냐에 따라 다르다.

이 규정은 특수한 업무 분야의 일을 추진하는데 필요한 기본적인 지식의 유무를 가리기 위하여 자격 요건을 정하거나 업무 수행에 필요한 신체적 조건 및 경력을 규정하고 있는 분야를 언급하고 있다. 따라서 꼼꼼히 살펴봐야 한다.

1. 기본 자격
대한민국 국적을 가지고 있는 모든 성인 남녀

2. 공무원이 될 수 없는 사람(공무원 부적격자)
모든 공무원에게 공통으로 적용
- 금치산자 또는 한정치산자
- 파산선고를 받은 자로서 복권되지 아니한 자
- 금고 이상의 형을 받고 그 집행이 종료되거나 집행을 받지 아니하기로 확정된 후 5년을 경과하지 아니한 자
- 금고 이상의 형을 받고 그 집행유예의 기간이 완료된 날로부터 2년을 경과하지 아니한 자
- 금고 이상의 형의 선고유예를 받는 경우에 그 선고 유예기간 중에 있는 자
- 법원의 판결 또는 다른 법률에 의하여 자격이 상실 또는 정지된 자
- 징계에 의하여 파면의 처분을 받은 때로부터 5년을 경과하지 아니한 자
- 징계에 의하여 해임의 처분을 받은 때로부터 3년을 경과하지 아니한 자

경찰공무원이 될 수 없는 사람

- 대한민국 국적을 가지지 아니한 자
- 금치산자 또는 한정치산자
- 파산 선고를 받은 자로서 복권되지 아니한 자
- 자격정지 이상의 형의 선고를 받은 자
- 자격정지 이상의 형의 선고 유예를 받고 그 선고 유예 기간 중에 있는 자
- 징계에 의하여 파면 또는 해임의 처분을 받은 자

3. 거주지 제한

7급 이하 지방공무원 시험, 소방직 공무원 시험, 지방
연구·지도직 공무원 시험의 경우(지방자치단체 마다 다름)

서울시 공무원의 경우를 제외한 전국의 모든 지방공무원
공개경쟁 채용 시험에는 응시자의 거주지에 관한 제한 규정을
두고 있다.

일반적으로 시험을 치르는 지방자치단체에 주민등록이 되어
있거나 혹은 「가족 관계 의 등록 등에 관한 법률」상의
'등록기준지'가 시험을 보는 지방자치단체에 속하는 사람에
한하여 응시 자격을 주고 있지만, 지역 제한에 관해서는 각
지방자치단체장이 규칙으로 정하기 때문에 구체적인 제한
요건은 지방자치단체마다 조금씩 다르다.

따라서 지방공무원에 응시하고자 하는 사람은 반드시 채용
시험 공고문의 지역 제한에 관한 요건을 주의 깊게 살펴봐야
한다.

지역 제한의 일반적 사례

1. 본인의 주민등록상 주소 또는 등록기준지가 시험을 실시하는 광역자치
단체(시 또는 도)로 되어 있어야 하는 경우
예) 경남에 주민등록이 되어 있거나 등록기준지가 있는 경우에는 경남도나
경남내의 모든 시 지역 지방공무원 채용 시험에 모두 응시할 수 있다.

2. 본인의 주민등록상 주소 또는 등록기준지가 시험을 실시하는 기초자치단
체(시 또는 군)로 되어 있어야 하는 경우
예) 강원도내의 시나 군에서 뽑는 지방공무원 시험에는 본인의 주민등록상
의 주소나 등록기준지가 그 지역으로 되어 있는 사람만이 응시할 수 있다.

4. 연령 제한

젊고 유능한 인재를 뽑아 효율적으로 활용하기 위하여 공무원 임용 시험령에서 다음과 같이 채용 시험 응시 연령에 제한을 두고 있다. 그러나 연령 제한선은 모집하는 기관에 따라 약간씩의 차이가 있으니 시험 공고문을 자세히 살펴봐야한다.

계급	공개경쟁채용시험	특별채용시험
5급	20세부터 32세까지	20세부터
6급 및 7급	20세부터 35세까지	20세부터
8급 및 9급	18세부터 32세까지 (교정·보호직은 20세)	18세부터 (교정·보호직은 20세)
기능 7급 이상	18세부터 40세까지	18세부터
기능 8급 이하	18세부터 35세까지	18세부터

응시 상한 연령 연장

1. 병역의무 복무 기간만큼 공무원 채용 시험 응시 상한 연령이 늘어난다.
 - 복무 기간이 1년 미만은 1년 연장, 1년 이상 2년 미만은 2년 연장, 2년 이상은 3년 연장
예) 군인으로 2년 복무한 후 제대하여 9급 공채 시험을 볼 경우, 3년 연장 혜택을 받아 35세까지 시험에 응시할 수 있다.

2. 중증장애인은 3년, 그 밖의 장애인은 2년 연장
 - 장애인 고용 촉진 및 직업 재활법 시행령 제4조에 의거

3. 제대군인으로 장애인인 경우
 - 최대 6년의 범위 안에서 각각의 연장 기간을 합친 만큼 연장

병역의무 복무자의 범위

현역(병, 장교, 준사관, 부사관, 무관후보생), 공익근무요원, 공중보건의사, 징병전담의사, 국제협력의사, 공익법무관, 공익수의사, 전문연구요원(병역법 제37조), 산업기능요원(병역법 제38조)

5. 자격 조건

전문적 지식이나 기술을 필요로 하는 분야의 공무원을 채용할
경우에는 업무를 효율적으로 추진하기 위하여 그 분야와 관련된
자격증을 가진 사람 또는 특정 경력의 소유자에게만 응시 자격을
준다.

6. 학력 제한 : 기본적으로 없음

공무원을 채용하는 각종시험에 있어서는 법에 특별한 규정이
있는 경우를 제외하고는 학력에 따른 제한을 하지 아니한다.

일반적으로 행정·기술 계통의 공무원을 공채 하는 경우에는
학력 제한이 거의 없지만 전문 기술직이나 연구 계통의 경우에는
대학 또는 대학원 이상의 학력을 요구하는 경우가 많다. 또한 특별
채용의 경우에는 일반 공채의 경우보다 비교적 높은 학력을
요구하는 경우가 많으며 계약직 공무원의 경우에는 특히 그렇다.
또 채용하는 직종에 따라 다양한 전공과 학력이 요구되기 때문에
채용 공고문을 자세히 살펴봐야 한다. 나아가 연구·지도직
공무원의 경우에는 채용하는 기관에 따라 같은 분야의 연구사나
지도사인데도 서로 다른 학력 제한을 두고 있으니 유의해야 한다.

하지만 대다수의 일반 공무원의 경우에는 학력 제한이 없다.

채용 시험 응시 연령 제한의 구체적인 예

- 행정부 5급 공채 : 20세 이상 32세 이하
- 외교관 후보자 선발 : 20세 이상 29세 이하
- 법원 5급 공채 : 20세 이상 35세 이하
- 국회 5급 공채 : 20세 이상 32세 이하
- 7급 국가공무원 공채 : 20세 이상 35세 이하
- 7급 지방공무원 공채 : 20세 이상 37세 이하
- 7급 지방공무원 특채 : 20세 이상 45세 이하
- 연구사 · 지도사 공채 : 20세 이상 37세 이하
- 연구사 · 지도사 특채 : 20세 이상 45세 이하
- 7급 외무영사직 공채 : 20세 이상 35세 미만
- 8급 및 9급 지방공무원 공채 : 18세 이상 32세 이하
- 8급 및 9급 국회공무원 공채 : 18세 이상 30세 이하
- 9급 국가공무원 공채 : 18세 이상 32세 이하
- 9급 교정 · 보호직 공채 : 20세 이상 32세 이하
- 9급 기상직 국가공무원 공채 : 18세 이상 28세 이하
- 9급 법원공무원 공채 : 18세 이상 32세 이하
- 기능10급 지방공무원 공채 : 18세 이상 35세 이하
- 기능10급 지방공무원 특채 : 18세 이상 40세 이하
- 기능10급 국회공무원 공채 : 18세 이상 35세 이하
- 농업진흥청 : 20세 이상 35세 이하(연구사, 지도사)
- 경찰공무원(순경 공채) : 18세 이상 30세 이하
- 경찰공무원(순경 특채) : 18세 이상 40세 이하
- 경찰공무원(경장 공채) : 20세 이상 40세 이하
- 경찰공무원(간부 후보) : 21세 이상 30세 이하
- 소방공무원(소방사 공채) : 21세 이상 30세 이하
- 소방공무원(소방사 특채) : 20세 이상 30세 이하
- 소방공무원(소방위 특채) : 23세 이상 45세 이하
- 군무원(5급 공채) : 20세 이상 35세 이하
- 군무원(7급 공채) : 20세 이상 35세 이하
- 군무원(9급 공채) : 18세 이상 35세 이하
- 군무원(2, 3, 6, 7급 특채) : 53세 이하
- 군무원(4, 5, 8, 9급 특채) : 45세 이하

공무원 채용 시험 과목은 직종과 직급에 따라 다르며 공채냐
특채냐에 따라서도 다르다. 그래서 공무원이 되고 싶은 사람은
무엇보다도 자신이 원하는 직종과 직급을 먼저 정한 뒤 그에
따르는 채용 시험 과목을 알아야 효율적으로 수험 준비를 할 수
있을 것이다. 시험 과목을 모르고서는 수험 준비를 할 수 없다.
  우리나라는 공무원 채용 시험에 있어서 공무원의 직종과
직급에 따른 시험 과목을 '공무원 임용 시험령 별표1 각종
임용시험 과목표'에 상세히 규정하고 있다.
  시험 과목과 유형은 변동될 수 있으므로 공무원 준비할 때 시험
과목을 다시 알아보기 바란다.

1. 행정부 5급 공채

1차 선택형 필기시험 + 2차 논문형 필기시험 + 3차 면접

2. 국회 5급 공채

국회에 근무할 간부 후보 공무원을 선발하는 시험으로 채용 분야별 시험 과목은 다음과 같다.

■ 행정직(일반 행정)

 - 1차 필기시험(선택형)

 • 언어 논리 영역, 자료 해석 영역, 상황 판단 영역,

  영어(영어 능력 검정 시험으로 대체)

 - 2차 필기시험(논문형)

 • 필수 4과목 : 행정법, 행정학, 경제학, 정치학

 • 선택 1과목 : 헌법, 입법과정론, 정책학, 지방행정론

  (도시행정 포함), 정보체계론, 조사방법론(통계분석 제외)

  중 1과목 선택

■ 행정직(법제)

 - 1차 필기시험(선택형)

 • 언어 논리 영역, 자료 해석 영역, 상황 판단 영역,

  영어(영어 능력 검정 시험으로 대체)

 - 2차 필기시험(논문형)

 • 필수 4과목 : 헌법, 민법, 상법, 행정법

 • 선택 1과목 : 입법과정론, 형법, 형사소송법, 민사소송법

  중 1과목 선택

■ 행정직(재경)

　－ 1차 필기시험(선택형)

　　• 언어 논리 영역, 자료 해석 영역, 상황 판단 영역,

　　영어(영어 능력 검정 시험으로 대체)

　－ 2차 필기시험(논문형)

　　• 필수 4과목 : 경제학, 재정학, 행정법, 행정학

　　• 선택 1과목 : 입법과정론, 회계학, 통계학, 국제경제학,

　　상법 중 1과목 선택

〈영어 능력 검정 시험 종류와 기준 점수〉

TOEFL		TOEIC	TEPS	G-TELP	FLEX
PBT	IBT				
530점 이상	71점 이상	700점 이상	340점 이상	Level2 65점이상	625점 이상

3. 법원 5급 공채

전국의 법원에서 근무할 간부 후보 공무원을 선발하는
시험으로 채용 분야별 시험 과목은 다음과 같다.

■ 행정직(법원사무)
  - 1차 필기시험(선택형)
    • 헌법, 민법, 형법, 영어(영어 능력 검정 시험으로 대체)
  - 2차 필기시험(논문형)
    • 행정법, 민법(친족 · 상속법 제외), 형법, 민사소송법,
      형사소송법

■ 행정직(등기사무)
  - 1차 필기시험(선택형)
    • 헌법, 민법, 형법, 영어(영어 능력 검정 시험으로 대체)
  - 2차 필기시험(논문형)
    • 행정법, 민법(친족 · 상속법 제외), 상법(총론 · 회사편),
      민사소송법, 부동산 등기법

■ 행정직(조사사무)
  - 1차 필기시험(선택형)
    • 헌법, 민법, 형법, 영어(영어 능력 검정 시험으로 대체)
  - 2차 필기시험(논문형)
    • 필수 4과목 : 친족·상속법, 가사소송법, 형법, 소년법
    • 선택 1과목 : 심리학, 사회사업학, 교육학 중 1과목 선택

4. 7급, 8급 및 9급 채용 시험

1차 선택형 필기시험 + 2차 면접

7급, 8급 및 9급 공개 채용 시험은 행정부, 입법부, 사법부를
막론하고 두 번의 시험을 치른다. 1차 시험은 선택형
필기시험이고, 2차 시험은 면접이다. 필기시험 과목이 직종과
직급에 따라 다르기 때문에 사전에 정확하게 알아두어야 한다.

5. 국립외교원 외교관 후보자 선발 시험
■ 선발 시험
  - 1차 시험 : 공직적성평가, 한국사, 영어, 외국어(선택과목)
  - 2차 시험 : 전공 평가(국제정치학, 경제학, 국제법),
    학제통합논술
  - 3차 시험 : 면접

■ 교육 기간 : 1년
■ 선발 인원 : 채용 인원의 150%

〈영어 능력 검정 시험 종류와 기준 점수〉

TOEFL		TOEIC	TEPS	G-TELP	FLEX
PBT	IBT				
590점 이상	97점 이상	870점 이상	452점 이상	Level2 88점이상	800점 이상

행복한 직업 찾기
나의 직업 공무원

초판 1쇄 인쇄 2013년 12월 23일
개정판 1쇄 인쇄 2020년 7월 5일

개정2판 1쇄 인쇄 2022년 4월 20일
개정2판 1쇄 발행 2022년 4월 30일

글 | 꿈디자인LAB
펴 낸 곳 | 동천출판
사   진 | 광명사회복지관. 검찰청. 권성동 의원. 교육부. 조성명 의원.
             대법원. 대한민국 국회. 서울시 소방재난본부. 서울시청.
             여주교도소 김낙현 교도관. 철도특별사법경찰대. 행정안전부.

등   록 | 2013년 4월 9일 제319-2013-25호
주   소 | 서울특별시 서초구 효령로 60길 15(서초동, 202호)
전화번호 | (02) 588 - 8485
팩   스 | (02) 583 - 8480
전자우편 | dongcheon35@naver.com

값 18,000원
ISBN   979-11-85488-72-1 (44370)
          979-11-85488-05-9 (세트)

*잘못 만들어진 책은 구입하신 서점에서 바꿔 드립니다.